JN221487

実務の「核心」が
わかれば応用がきく!

テーマ別

国際税務の
ケーススタディ

高山政信　矢内一好 著

第一法規

はしがき

　国際税務の案件を多く扱っている税理士事務所と異なり、国内向けの業務がほとんどという税理士事務所が直面するのは、一般に販売されているケーススタディ関連本では解決できない問題が多いことである。当然、このような問題に直面した事務所は、多くの参考書から似たような事例を探して参考にするのであるが、解決しなければならない問題にジャストミートするとは限らない。

　このようなケースは、税理士業の場合に限らず、一般企業でも遭遇する場合がある。例えば、東南アジアに子会社を有する場合、現地で移転価格課税を受けないためにはどのような対策が必要かというような問題、また、現地で租税条約に係る課税の減免を受けるための手続の概要を知りたいというような問題等々、細部にわたる疑問点をすべて文献でカバーすることは困難である。

　一番の解決法は、国際税務に詳しい税理士に会って直接疑問点をぶつけて聞くことである。しかし、多くの場合、このような手段で解決できることは少ない。そこで、ケーススタディ本は、直接回答を見いだせれば問題はないが、そうでない場合、類似する事例から、税務上問題がないかどうかを判断する目安ということになる。

　高山は、昭和64年に刊行された『Ｑ＆Ａ　租税条約の実務』（小沢進、財経詳報社）に分担執筆をして以降、約30年間、直接間接に国際税務のケーススタディに携わり、平成13年以降は、『月刊税務事例』に国際課税のケーススタディを執筆している。矢内は、平成10年以降、『月刊税務事例』に「国際課税のトピックス」を連載している。

　その間、感じたことは、税制改正等による新しい事象に関する設問は別にして、多くは、多少事例の条件を変えた類似のケースが多いということである。そこで、本書では、テーマ別に項目を分けて、その項目の中核となる部分（コア部分）と、派生する枝葉の部分に区分することで、国際税務のケーススタディを分類整理する方法を採用した。また、ケーススタディではカバー

できない分野は、トピックスとして掲載した。

　国際税務は、多くの場合、国内法、租税条約そして外国税法の三者の組み合わせといえる。外国税法については、日本でいえば、政令、通達レベルまで知ることは難しいことが多いが、ラフな概要であれば、インターネット上の情報を活用することができる。租税条約に関しては、解説本も多くあり、販売されている租税条約関係法規集があれば、多少読みにくい租税条約の条文に当たることも可能である。

　本書は、該当するテーマ別における各問の事例に該当するものがない場合、コア部分の「理解のポイント」において、問題の核心部分を理解頂き、そこから事例への応用を考えるプロセスを想定して作成されている。なお、コアの部分は矢内が担当し、事例は高山が担当した。

　本書は、個人編、法人編のケーススタディに続いて、国際税務のトピックスとして、ケーススタディとは異なる視点からの国際税務の問題点を解説している。

　最後に、本書の刊行を承諾して頂いた第一法規株式会社及び本書作成にご尽力頂いた編集部の青木由香子さんにお礼を申し上げたい。

　令和6年9月

高山　政信

矢内　一好

はしがき

I 国際税務の基礎的事項

Ⅱ　個人の国際税務のケーススタディ

Ⅲ　法人の国際税務のケーススタディ

Ⅳ　国際税務のトピックス

凡　例

1　主な法令等の略称

1）法　　　　　…法人税法

2）法令　　　　…法人税法施行令

3）法基通　　　…法人税基本通達

4）所　　　　　…所得税法

5）所令　　　　…所得税法施行令

6）所基通　　　…所得税基本通達

7）相　　　　　…相続税法

8）措法　　　　…租税特別措置法

9）措令　　　　…租税特別措置法施行令

10）ＯＥＣＤモデ　…Model Double Taxation Convention on
　　ル租税条約　　　Income and on Capital

11）日米租税条約　…所得に対する租税に関する二重課税の回避及
　　　　　　　　　　び脱税の防止のための日本国とアメリカ合衆
　　　　　　　　　　国との間の条約

12）租税条約実施　…租税条約の実施に伴う所得税法、法人税法及
　　特例法　　　　　び地方税法の特例等に関する法律

13）国連モデル租　…United Nations Model Convention for Tax
　　税条約　　　　　Treaties between Developed and Developing
　　　　　　　　　　Countries

14）BEPS条約　　……Multilateral Convention to implement Tax
　　　　　　　　　　　Treaty Related Measures to Prevent BEP

（注1）日本及び他国が締結した租税条約は、上記11）の例に倣う。

（注2）法令等の省略は次のように行う。

　　　（例）法人税法第37条第3項第2号イ……法37③二イ

2　内容現在

　本書は、2024年6月1日現在において施行・適用されている法令・通達等に基づいて執筆しています。

I

International Tax Case Studies

国際税務の基礎的事項

1　ケーススタディ解明の基本ルール

（1）テーマ別の理解方法

　ケーススタディの解明を行う場合、事例の中心的な事項（いわゆるコアの部分）と、派生した部分を考える必要がある。

　例えば、事例として多く出る非居住者の退職金の課税では、選択課税の部分がコアで、この部分を理解することで、派生部分の結論が得やすくなる。また、給与所得の短期滞在者免税も適用3要件の理解がコアで、その要件を少し変えた事例が派生部分である。

　本書は、各テーマの項目を立てて、「（1）理解のポイント」として、コアの部分を説明している。ここで重要なことは、関連する法令、租税条約の条文の把握であり、そうすることで、続く事例の分析で、結論が導かれることになる。

（2）ケース・メソッドの基本ルール

　ここで使用しているケース・メソッドとは、簡単にいえば、事例を設けてそれに解答するという方式のことであるが、この方式には、メリットとデメリットがある。メリットは、具体的な内容を取り上げての解説になることから、読者の方々の理解を早める効果がある。他方、デメリットは、事例の範囲が限定されていることから、汎用性に欠けるということである。

　本書では、このようなケース・メソッドの欠点を補うために、一定のルールに基づいて事例の結論を導いている。

　まず、基本的な立ち位置として、あくまでも、「日本における課税関係」が主眼である。

　また、ケース・メソッドには次のものが使用される。

①　国内法（所得税、法人税、相続税等）

②　日本が締結している租税条約

　上記のように限定すると次のような質問が出ることが想定できる。

　第1は、外国における課税はどうするのかということである。確かに、アウトバウンドの場合等には、外国において所得を得ることになることから、外国の課税関係が気になるところとなる。税率等についてはインターネットで情報を得ることができることから、課税があるという事実確認までにとどめ、具体的な数値等は割愛する（外国税額控除における控除対象外国税については、その課税方法まで踏み込む必要がある。）。ポイントは租税条約の適用を含む外国における課税を日本でどう処理するのかということである。

　第2には、上記②について、租税条約のない国等の場合である。この場合は、日本及び外国双方の国内法が適用されることになる。

　さらに、上記①と②以外に、国際税務を取り巻く環境の変化という意味で、以下の（3）以降のような事項も考慮する必要がある。

　以上をまとめたのが下記の表である。適用は、①➡②になる。

日本から外国への投資	①租税条約の適用を含む外国における課税 ②日本の国内法
外国から日本への投資	①日本の国内法 ②租税条約の適用

（3）調書制度の整備

　クロスボーダーの活動・投資等に対応するため、税務当局は、次のような調書制度を整備している。

国外送金等調書（平成10年4月1日より施行、平成21年に金額改正）	国境を越えた海外との送金額及び受取額のいずれかが100万円超の場合、金融機関から税務署にこの調書が提出される。
国外財産調書（平成24年度税制改正により制度化、同年1月1日より施行）	平成26年1月1日以降、国外に5,000万円を超える国外財産を保有する居住者は、この調書を提出することが義務づけられている。
国外証券移管等調書（平成26年度税制改正により制度化、平成27年1月1日より施行）	平成27年1月1日以降、金融商品取引業者等が顧客の依頼に基づいて行う国内証券口座と国外証券口座間の有価証券の移管についてこの調書の提出が義務づけられている。

財産債務調書（平成27年度税制改正により制度化、平成28年1月1日より施行）	平成28年1月1日以降、その年分の総所得金額及び山林所得金額の合計額が2,000万円を超え、かつ、その年の12月31日においてその価額の合計額が3億円以上の財産又は1億円以上の国外転出特例対象財産を有する者は、この調書の提出が必要となる。

（4）情報交換制度の整備

租税条約等に基づく情報交換制度の整備は、整理すると次のようになる。

① 　租税条約に規定する情報交換

② 　共助条約に基づく情報交換

③ 　情報交換協定による情報交換

④ 　金融口座情報自動的交換報告制度による情報交換

⑤ 　各種の調書制度による税務当局の資料の把握

（5）国外転出時課税制度

この制度は、平成27年度税制改正において創設され、個人が国外転出をする時における有価証券等を含む財産の合計額が1億円以上である者が対象となり、その含み益に課税をするものである。

（6）義務的開示制度の導入？

所定のタックスプランニングを税務当局に開示するのが義務的開示制度である。日本では、この制度の導入を検討中である。

2 国際税務の基本用語

（1）国際的二重課税

同一所得に異なる国において同一の税を二重に課すことを国際的二重課税という。具体的には、納税義務者が居住者となる居住地国において全世界所

得が課税となり、非居住者となる源泉地国において国内源泉所得が課税となると、この源泉地国における国内源泉所得に相当する部分の所得が二重課税となる。なお、国際的二重課税を理論面から最初に研究したのは、国際連盟が4名の学者に依頼して作成された報告書（1923年）である（矢内一好『国際課税と租税条約』ぎょうせい　平成4年、矢内一好「1923年経済学者による二重課税に関する報告書(国際連盟)の再検討」『租税研究』令和2年9月）。

（2）居住地国と源泉地国

　居住地国と源泉地国は、税法及び租税条約の規定において使用されている用語ではないことから定義規定はない。例えば、内国法人が外国に子会社を設立して、その外国子会社から配当を受け取ったとする。この場合、内国法人が居住者である日本は居住地国といい、配当所得の生じた国を源泉地国という。したがって、居住地国では、居住者である内国法人が全世界所得の課税を受け、源泉地国では非居住者としてこの国の国内源泉所得のみの課税を受けることになる。

（3）所得源泉ルール

　所得源泉地を決定する規定を所得源泉ルール又は所得のソースルールという。国内法あるいは租税条約において所得種類ごとに規定が置かれ、この規定に従って国内源泉所得が判定されることになる。

（4）恒久的施設（Permanent Establishment：PE）

　租税条約において、PEは、事業を行う一定の場所であって企業がその事業の全部又は一部を行っている場所と定義されている。PEの例示としては、事業の管理の場所、支店、事務所、工場、作業場、鉱山等の天然資源を採取する場所等が規定されているが、租税条約ごとにその内容は若干異なっている。国内法では、所得税法（所2八の四）において、事業上の拠点（同号イ）の他に、建築工事等で一定の期間存続するもの（同号ロ、建設PEともよばれる。）及び所定の代理人（同号ハ、代理人PEともよばれる。）について規

定されている。

　最近のOECDにおけるデジタル課税の検討では、デジタル企業を含む一定の多国籍企業に対して、PEに代表される物理的拠点の有無にかかわらず、一定の残余利益に対する課税権を所得を得た市場国に与えるという理論（ネクサス・ルールという。）が提唱されている。

3 租税条約と国内法の関係

　租税条約と国内法のどちらが優先適用になるのかという点について、次の2通りの考え方がある。優先適用とは、租税条約と国内法において異なる規定がある場合、どちらが優先するのかということである。

（1）租税条約が優先適用となる日本の場合

　日本では、憲法第98条に以下の規定がある。

第98条　【最高法規、条約及び国際法規の遵守】

第1項　この憲法は、国の最高法規であつて、その条規に反する法律、命令、詔勅及び国務に関するその他の行為の全部又は一部は、その効力を有しない。

第2項　日本国が締結した条約及び確立された国際法規は、これを誠実に遵守することを必要とする。

　上記の第2項は、憲法と条約の優先適用関係において、憲法が優先すると一般に解釈されている。また、条約と法律については、条約が優先適用と解されている。

（2）租税条約と国内法が同位である米国等の場合

　日本では、上記（1）の適用関係になることから、世界各国も同じと考え

がちであるが、租税条約と国内法が同位である国も多く存在する。その一例が米国である。

米国憲法第6条第2項に以下の規定がある。

> この憲法、これに準拠して制定される合衆国の法律、及び合衆国の権能をもって既に締結され、また将来締結されるすべての条約は、国の最高の法である。（以下略）

法の適用順位の決定に関して、後法優先原則、特別法優先原則等がある。上記の米国憲法の規定は法律と条約が同位であることを規定していることから、米国の場合、法の適用に関する原則である後法優先原則が適用になる。日本では、このような適用はない。

（3）租税条約と国内法の適用関係

この適用関係は次の3つの状況に分けることができる。

① 国内法と租税条約の双方に規定がある場合、上記（1）及び（2）がこれに該当するが、日本では、租税条約が優先適用となる。

② 租税条約のみに規定がある場合、租税条約の自力執行ではなく国内立法が必要と一般に解されている。

③ 国内法のみに規定がある場合は、租税条約に明定がないことから課税する国の国内法の適用ということになる。

（4）一方の締約国のみが適用になる場合

例えば、日本・香港租税条約では、配当、利子に源泉徴収の規定がない香港における課税は租税条約に定める配当、利子に課される限度税率の適用がないが、日本における課税では租税条約の規定が適用される。

4　租税条約の種類

（1）租税条約の種類

　一般に租税条約という場合は、所得税・法人税等を対象税目とする所得税租税条約をさすが、日本と米国との間には、所得税租税条約の他に相続税・贈与税租税条約がある。日本が相続税・贈与税租税条約を締結しているのは米国との間のみである。以下は日本が締結している租税条約等の種類である。

① 　所得税租税条約

② 　相続税・贈与税租税条約

③ 　情報交換協定

⑤ 　税務行政執行共助条約

⑥ 　BEPS条約（税源浸食及び利益移転を防止するための租税条約関連措置を実施するための多数国間条約）

⑦ 　平成28年度税制改正により「外国人等の国際運輸業に係る所得に対する相互主義による所得税等の非課税に関する法律」（昭和37年法律第144号）が「外国居住者等の所得に対する相互主義による所得税等の非課税等に関する法律」に改正され、平成29年1月1日から施行されている（日台租税協定）。

（2）モデル租税条約

　モデル租税条約は、租税条約交渉において模範となる条約である。

① 　OECDモデル租税条約

② 　国連モデル租税条約

③ 　米国モデル租税条約

（3）国際間の協定

　金融口座情報自動的交換報告制度（Automatic Exchange of Information for Financial Accounts：AEOI）

（4）租税条約以外の条約等

租税条約以外に、租税に関連する条約及び行政レベルで締結する協定等には、次のようなものがある。

① 外交関係に関するウィーン条約（昭和39年条約第14号）

② 領事条約（日米、日英、日本・旧ソ連）

③ 日米安保条約に基づく日米地位協定（昭和35年条約第7号）

④ 日米友好通商航海条約等

⑤ 日本と米国の間の国際運輸業所得に関する交換公文（昭和47年、外務省告示第140号）等

⑥ 行政協定（社会保障協定等）

租税条約と上記に掲げた各種の条約等との関係であるが、①と②は、租税条約においても外交官等と規定されている場合が多く、①②の規定と租税条約が競合することはない。③は、主として、米軍関係者の日本における課税に影響するものである。④は、日米間の通商に関する条約であるが、この日米友好通商航海条約第11条第5項に、租税条約において特別な取決めを行うことが留保されている。⑤は、租税条約のない国又は租税条約に定める国際運輸業所得の規定と適用範囲等が異なるもの等が規定されている。

5 日本の租税条約の現状

現在日本が締結している租税条約は、次のとおりである（令和6年1月現在）。

① アジア（15か国）

インド、インドネシア、韓国、シンガポール、スリランカ、タイ、台湾、中国、パキスタン、バングラディシュ、フィリピン、ブルネイ、ベトナム、香港、マレーシア

② オセアニア（3か国）

オーストラリア、ニュージーランド、フィジー（旧日英条約適用）

③　中近東・アフリカ（12か国）

　　アラブ首長国連邦、アルジェリア、イスラエル、エジプト、オマーン、カタール、クウェート、サウジアラビア、ザンビア、トルコ、南アフリカ、モロッコ

④　ヨーロッパ（30か国）

　　アイスランド、アイルランド、英国、イタリア、エストニア、オーストリア、オランダ、クロアチア、ギリシャ（署名）、スイス、スウェーデン、スペイン、スロバキア、スロベニア、セルビア、チェコ、デンマーク、ドイツ、ノルウェー、ハンガリー、フィンランド、フランス、ブルガリア、ベルギー、ポルトガル、ポーランド、ラトビア、リトアニア、ルクセンブルグ、ルーマニア

⑤　北米・南米（11か国）

　　米国、エクアドル、カナダ、チリ、ブラジル、メキシコ、アルゼンチン（署名）、ウルグアイ、コロンビア、ジャマイカ、ペルー

⑥　旧ソ連の国々（12か国）：（単独）は日本と個別に条約締結、他は旧ソ連条約を継承

　　アゼルバイジャン（単独）、アルメニア、ウクライナ（署名単独）、ウズベキスタン、カザフスタン（単独）、キルギス、ジョージア（単独）、タジキスタン、トルクメニスタン、ベラルーシ、モルドヴァ、ロシア（単独）

⑦　タックスヘイブン等との情報交換協定（11か国）

　　英領バージン諸島、ガーンジー、ケイマン諸島、サモア、ジャージー、パナマ、バハマ、バミューダ、マカオ、マン島、リヒテンシュタイン

6 租税条約の読み方

　租税条約の条文は、双方向に適用になることから、抽象的な規定になっている。

　例えば、次に掲げた条文は、租税条約の事業所得条項の規定で、アンダー

ライン部分は筆者が付したものである。

「一方の締約国の企業の利得に対しては、その企業が他方の締約国内にある恒久的施設を通じて当該他方の締約国内において事業を行わない限り、当該一方の締約国においてのみ租税を課することができる。一方の締約国の企業が他方の締約国内にある恒久的施設を通じて当該他方の締約国内において事業を行う場合には、その企業の利得のうち当該恒久的施設に帰せられる部分に対してのみ、当該他方の締約国において租税を課することができる。」

　租税条約の場合は、両締約国において同一の条文を共通して使うことから、「一方の締約国」と「他方の締約国」という表現をしている。日本と中国を例にすると、日本が源泉地国であれば、上記の条文は以下のように読み替えることになる。なお、当然であるが、中国が源泉地国であれば、一方の締約国と他方の締約国が逆になる。

○「一方の締約国」➡中国

○「他方の締約国」➡日本

○「恒久的施設」　➡（日本の）支店等

　以上のことを踏まえて、読み替えをすると、次のようになる。

「中国企業の利得に対しては、その企業が日本国内にある支店等を通じて日本国内において事業を行わない限り、中国においてのみ租税を課することができる。中国企業が日本にある支店等を通じて日本国内において事業を行う場合には、その企業の利得のうち日本支店等に帰せられる部分に対してのみ、日本において租税を課することができる。」

　上記の条文では、次の２つのことが規定されていることがわかる。

　第1は、中国企業の日本における事業所得は、その中国企業が日本国内に支店等を有しないのであれば、中国の課税のみとなること。第2は、中国企業の日本における事業所得は、その中国企業が日本国内に支店等を有している場合、その企業の利得のうち日本支店等に帰せられる部分に対してのみ日本において租税を課すること、である。

　ポイントは、一方と他方がどちらの国を指すのかを決めて読むことである。

7　日米租税条約の変遷

　日米租税条約は、日本が締結した最初の租税条約であるとともに、日本の租税条約発展において重要な条約である。

（1）原条約から現行条約までの変遷

　日米租税条約のこれまでの変遷はまとめると次のとおりである。

原条約	昭和29年4月16日署名	昭和30年4月1日発効
一部改正①	昭和32年3月23日署名	昭和32年9月9日発効
一部改正②	昭和35年5月7日署名	昭和39年9月2日発効
一部改正③	昭和37年8月14日署名	昭和40年5月6日発効
第2次条約	昭和46年3月8日署名	昭和47年7月9日発効
第3次条約	平成15年11月6日署名	平成16年3月30日発効
一部修正	平成25年1月24日署名	令和元年8月30日発効

（2）日米租税条約の役割の相対的低下

　日米租税条約は、上記（1）に掲げた変遷からもわかるように、日本の租税条約締結のフロントランナーとしての役割を第3次条約までは果たしてきた。

　しかし、第3次条約の一部修正の議定書が平成25年の署名後、米国議会の手続が遅れたことにより、その適用が遅れて約6年間のブランクが生じた。

　その適用が遅れた期間に、OECDは、多国間条約であるBEPS条約を公開している。平成29年6月7日にパリにおいて日本も含む68か国が参加署名をしており、令和5年11月末には参加国が100か国に増加している。BEPS条約は、租税回避防止を目的にOECDにより作成された多国間条約で、各国が締結している二国間租税条約にBEPS条約を適用し、補完することで、二国間租税条約の規定の整備とレベルアップを図るものである。

　米国は、このBEPS条約に参加していないことから、第3次条約の一部修正後の現行条約は、BEPS条約のレベルと比較すると規定が古いものになっている。

8 BEPS防止措置実施条約に関する基礎知識

（1）BEPS行動計画の沿革

　OECDにおけるBEPS関連の活動の概要は下記のとおりである。

2012年6月	第7回G20メキシコ・ロスカボス・サミット首脳会合宣言において、租税分野では、情報交換の強化、税務行政執行共助条約署名への奨励とともに、多国籍企業による租税回避を防止する必要性が再確認され、OECD租税委員会は、BEPSプロジェクトを開始。
2012年後半	英国等において、多国籍企業の租税回避問題が生じていることが報道された。
2013年2月	OECDは、BEPSに対する現状分析報告書として、「税源浸食と利益移転への対応」（Addressing Base Erosion and Profit Shifting）を公表。
2013年7月	OECDは、「BEPS行動計画」（Action Plan on Base Erosion and Profit Shifting）を公表。
2015年10月5日	BEPS　Final Reports公表。
2017年6月7日	香港を含む68の国又は地域がBEPS防止措置実施条約（以下「BEPS条約」という。）に署名。

（2）BEPS条約の沿革

　日本がBEPS条約の適用対象国としたのは、以下の43か国・地域である。★は日本とBEPS条約が適用可能となった国・地域で、日本がBEPS条約の適用対象国として選択した適用対象国・地域数は日本の締結した租税条約の相手国・地域のうちの39か国・地域である。

1）アイルランド★	2）アラブ首長国連邦★	3）イスラエル★	4）イタリア
5）インド★	6）インドネシア★	7）ウクライナ★	8）英国★
9）エジプト★	10）オーストラリア★	11）オマーン★	12）オランダ★
13）カザフスタン★	14）カタール★	15）カナダ★	16）韓国★
17）クウェート	18）サウジアラビア★	19）シンガポール★	20）スウェーデン★
21）スロバキア★	22）タイ★	23）チェコ★	24）中国★
25）ドイツ★	26）トルコ	27）ニュージーランド★	28）ノルウェー★
29）パキスタン★	30）ハンガリー★	31）フィジー	32）フィンランド★
33）フランス★	34）ブルガリア★	35）ベトナム★	36）ポーランド★
37）ポルトガル★	38）香港★	39）マレーシア★	40）南アフリカ★
41）メキシコ★	42）ルーマニア★	43）ルクセンブルク★	

（2024年6月27日現在）

9 デジタル課税の基礎知識・ネクサス原則

OECDによるデジタル課税に関する国際的コンセンサス形成の動きが盛んになっている。とりわけ、インターネットの普及による電子商取引の課税問題から、GAFA（グーグル、アマゾン、フェイスブック、アップル）等を中心として消費者に対してサービスを提供している多国籍企業に対して、その市場国における課税権を確保するための新たな理論構成が進行中である。

租税条約を含めた各国の税制等は、このようなデジタル経済の進化に追い付くことができず、電子商取引の課税問題当時から、従前からの課税原則等（例えば、非居住者の事業所得課税の課税要件である恒久的施設原則。以下「PE要件」という。）を新しい事態に当てはめることで糊塗してきた。

しかし、前出のGAFA等のIT企業の市場国における税負担率が、一般の企業と比較して極端に低いことから、このような事態を是正する動きが顕著になっている。

例えば、EUの欧州委員会が検討している租税の優遇に基因する国家補助規制が生じたのが、アップル、アマゾン等の事例であり、これらの租税回避に対して、OECDのデジタル課税について、2017年3月にドイツで開催されたG20財務相会議において、BEPS包括的枠組（Inclusive framework on BEPS）を通じてデジタル経済の作業部会（Task Force on the Digital Economy）に2018年4月までにデジタル経済の税務に関する中間報告の作成を指令したあたりから本格的な動きになっている。

その後、G20福岡会議等を経て、2019年10月に、市場国における課税権を認め、各国に利益配分を行う原則を検討したデジタル課税の国際合意に向けた事務局提案として、「統合アプローチ」が公表された。

総合アプローチでは、これまでの国際税務における非居住者の事業所得の課税要件は、物理的場所の存在を原則とするPE要件とされていたが、この要件は遠隔地から経営を行うデジタル企業への適用が難しいことから、新たに市場国との連結環を意味するネクサス原則の適用が提唱された。2023年11月には、市場国における利益配分を示す多国間条約案がOECDより公開されている。

以上の経緯から、デジタル課税に関して、事業遂行要件を基本とするネクサス原則を踏まえることとなったが、仮に、各国が国内法においてネクサス原則を取り入れたとしても、次のような問題が生じることになる。

①　租税条約と国内法の優先適用の問題がある。国により、米国のように、租税条約と国内法が同位である場合もあるが、租税条約優先の場合、新たな内容であるネクサス原則を含む国内法を規定したとしても、旧態な内容の租税条約が優先適用され、国内法改正の意味がないことになる。

②　BEPS条約を改訂してネクサス原則を含めたとしても、現行のBEPS条約のように、参加国全体がその規定に従うというミニマムスタンダードの範囲が狭く、参加国の選択という任意性が重視されているのであれば、BEPS条約の実効性が疑問視されることになる。さらに、BEPS条約に規定されているPE関連条項とネクサス原則をどのように調整するのかという問題も残る。

10 国内源泉所得

（1）改正前の国内源泉所得

　国内源泉所得とは国内に源泉のある所得をいい、非居住者（個人及び外国法人）については国内源泉所得が課税所得の範囲とされる。国外源泉所得は国内源泉所得の反対概念となっている。また、国内源泉所得はグロス概念であり、純所得という意味に使用する場合は、「国内源泉所得に係る所得」という用語になる。

（2）平成26年度の総合主義から帰属主義への見直しの内容

イ　国内源泉所得に係る改正

　国内法を総合主義から帰属主義に見直すことで、従来は原則として課税していなかったPEに帰属する国外源泉所得（PEが第三国の国債に投資して得た利子等）について「PE帰属所得」として総合課税し、PE非帰属とPEのない場合の国内源泉所得を「その他の国内源泉所得」に区分することになった。

　改正法では、PE帰属所得を国内源泉所得として定める一方、外国法人のPEが本店所在地国以外の第三国で稼得した所得がPE帰属所得として課税になることから、国際的二重課税を排除するために国外源泉所得と外国法人に対する外国税額控除の規定が新設された。

ロ　PE帰属所得

　改正法は、PE帰属所得を従来の国内事業所得に代えて国内源泉所得の1つとした。『改正税法のすべて　平成26年版』（大蔵財務協会）の解説（同書676頁）によれば、「国内源泉所得を所得の人的帰属に着目して内国法人並みの課税範囲とされる恒久的施設帰属所得（PE帰属所得）と所得の地理的帰属に着目した課税範囲とされるそれ以外の国内源泉所得に区分し」（括弧内筆者注）と説明している。

ハ　PE非帰属所得

日本にPEを有する外国法人のPE帰属所得以外の「その他の国内源泉所得」（「PE非帰属所得」という。）については、PE帰属所得とは分離して課税することとなり、後述する日本にPEを有しない外国法人（以下「Non-PE外国法人」という。）が得る国内源泉所得と同様の課税関係とされる。改正前は、法人税法旧第138条第2号から11号までの所得が同条第1号に規定のある所得よりも優先適用になっていたが、改正後では、この優先適用が廃止され、外国法人に対する法人税の課税標準に関して、PE帰属所得への該当性が優先されることになった。

二　Non-PE外国法人の課税所得

国内源泉所得とされる国内資産譲渡所得の範囲については、国内不動産、国内不動産関連株式及び事業譲渡類似株式の譲渡所得その他の譲渡所得で、Non-PE外国法人において課税対象となる資産の譲渡所得と同様のものに限ることとされた。

11 所得源泉の置換え規定

（1）定義等

租税条約に異なる定めがある場合の国内源泉所得は、租税条約が定める所得源泉ルールに従ったものを国内源泉所得とする。すなわち、国内法の国内源泉所得に定める所得源泉ルールが、租税条約に定めのある所得源泉ルールに置き換えられ、置き換えられた所得源泉ルールに従って国内源泉所得を決定することになる。

（2）所得源泉の置換え規定の意義

所得源泉の置換え規定が適用になる例として、貸付金の利子の所得源泉地は、国内法が使用地主義で、租税条約が債務者主義の場合、外国法人から内

国法人が借り入れた資金を日本の国外における業務に使用し、その利子が、当該内国法人により支払われている場合、次のような問題が生じることになる。

① 国内法では、当該利子の使用地は外国であることから、国外源泉所得で課税なしとなる。

② 租税条約を適用すると、この利子の支払地は日本国内であることから、国内源泉所得として課税となる。

　上記の例では、国内法では課税がなかったにもかかわらず、租税条約の規定が新たな課税関係を作り出す結果となっている。そこで、租税条約にプリザベーションクローズ（租税条約において、国内法以上の課税ができないとする原則）が規定又は条理として内在している場合、租税条約の適用により国内法よりも税負担が増加しないという原則が働くとすると、上記の例では、日本における課税はないことにしなければならない。

　では、日本において課税をする場合、このプリザベーションクローズの規制を排除しなければならないことになるが、そのために、所得源泉の置換え規定が必要となる。所得源泉の置換え規定を設けた後の課税関係は次のようになる。

① 所得源泉の置換え規定を適用しないと、当該利子の使用地は外国であることから、国外源泉所得で課税なしとなる。

② 所得源泉の置換え規定を適用すると、国内法における所得源泉ルールが債務者主義に置き換わり、日本で課税となる。

　この場合、租税条約の規定を所得源泉の置換え規定により国内法に取り込むことができて、プリザベーションクローズの規制が働くことはない。

International Tax Case Studies **II**

個人の国際税務の
ケーススタディ

1　居住者

（1）理解のポイント

イ　居住形態の判定

　国内源泉所得及び国外源泉所得の双方を有する者（個人・法人等）の課税所得の範囲を決定するためには、この者の居住形態（居住者又は非居住者等）を最初に定める必要があり、これを居住形態の判定という。

　日本における個人の居住形態は、居住者と非居住者に区分され、居住者は、非永住者と非永住者ではない者（永住者）に分けられている。

　法人の場合は、日本が採用している本店所在地主義、米国等が採用している設立準拠法主義、英国等が採用している管理支配地主義等が判定の基準になる。

　個人の場合の居住者又は非居住者等の定義は次のとおりである（所2三、四、五、六、七、所7、所令14、15、所基通2－1、日米地位協定13②）。

居住者	国内に住所を有し、又は現在まで引き続いて1年以上居所を有する個人をいう。
非居住者	居住者以外の個人をいう。
非永住者	居住者のうち、日本の国籍を有しておらず、かつ、過去10年以内において国内に住所又は居所を有していた期間が5年以下である個人をいう。

　日米租税条約第4条では、条約の適用対象者である条約相手国の居住者について次のように規定されている。

> 1　この条約の適用上、「一方の締約国の居住者」とは、当該一方の締約国の法令の下において、住所、居所、市民権、本店又は主たる事務所の所在地、法人の設立場所その他これらに類する基準により当該一方の締約国において課税を受けるべきものとされる者をいい、次のものを含む。（以下略）

　租税条約における居住者の要件は次の2つである。

① 条約相手国の法令により居住者と判定されること

② 条約相手国において居住者として課税を受けていること

ロ 居住形態の判定が必要な理由

　個人については、所得税法の適用上、居住者又は非居住者に区分し、居住者であれば、さらに、非永住者とそれ以外の居住者（永住者）に分けることになる。

　したがって、個人の居住形態の判定を行う場合の基準となる概念は、国内に生活の本拠となる住所を有するのか、又は、1年以上居所（生活の本拠ではないが、多少の期間継続して現実に居住する場所）を有するのかの判定ということになる。

　居住形態の判定の順序は次のとおりである。

① 居住形態の判定を行う目的➡課税所得の範囲を決定するため

② 判定の対象となる個人➡居住者又は非居住者の判定

③ 居住者となる個人➡非永住者又は永住者の判定

ハ 居住形態と課税所得の範囲

　それぞれの居住形態と課税所得の範囲は次のとおりである。

① 永住者　➡全世界所得（国内源泉所得＋国外源泉所得）

② 非永住者➡国外源泉所得以外の所得及び国外源泉所得で国内において支払われ又は国外から送金されたもの

③ 非居住者➡所定の国内源泉所得

　ここで注意すべき点は、給与所得の場合、国内源泉所得と国外源泉所得は、役務提供地を基準として決定されるということである。例えば、外国払いの給与は本来日本の源泉徴収の対象にはならないが、日本で役務提供をした分については国内源泉所得として日本で課税され、申告納税することになる。したがって、例えば非永住者の場合、1年の3分の2の日数の間を日本で勤務し、他を外国で勤務（外国出張等）したとすると、前者の給与所得は国内

源泉所得、後者の給与所得は国外源泉所得ということになる。仮にこの給与の全額が国内払いであったとしても、その３分の１は国外源泉所得ということになる。結果として、この非永住者の国内払い給与所得に係る課税所得は、国内源泉所得（全体の３分の２）＋国外源泉所得で国内において支払われた部分（全体の３分の１）となり、この給与全額が日本で課税されることになる。

二　適用例

適用例となるものは次のとおりである。

① 日本に数年間勤務する外国人社員➡非永住者（再来日の場合は５年要件に注意）

② 外国の子会社等に出向して数年間勤務する日本人社員➡非居住者

③ 出張で来日する外国人社員➡租税条約の短期滞在者免税の適用の可否

ホ　国籍が居住者の要件にならない理由

租税条約における適用対象者の判定要件には、国籍ではなく、多くは居住者概念が使用されている。国際法上、国家は国籍の決定を自由に定めることができるということで、これは国内法の問題である[1]。また、国家はこの国籍を有する者に対して管轄権を行使することになるが、このような国民としての地位に対して本国の法が及ぶことを対人主権という[2]。

課税上、国籍を課税要件としている国は、米国、フィリピン等の少数であり、多くの国では、居住者という概念を使用している。この居住者という概念を使用する背景には、国境を越えた人的移動の増加等により、国籍という政治的な帰属ではなく、その地で所得を得て生活をしているという経済的な帰属に対して課税をするように変わったという経緯がある。

国際私法の分野では、属人法の決定基準として「住所」が用いられ、英国等のコモンローの国々では、この決定基準が用いられた[3]。英国の例として、

1) 高野雄一『国際法概論（上）』弘文堂　平成２年　357頁
2) 同上350頁
3) 池上季雄『国際私法（総論）　法律学全集59』有斐閣　昭和56年　152頁

15世紀中ごろに、外国人居住者に対して人頭税を課したことがある[4]。また、1799年に成立したピットの所得税法において、英国に居住するすべての者のすべての所得に課税する旨の規定がある[5]。

短期滞在者について、1799年法では、短期滞在で居宅を設ける意図がない者は免税だが、1842年のピールの所得税法第39条では、短期滞在期間の累計を6か月としている[6]。

居住者は、その国に居住する国民及び外国人から構成されるが、管轄権行使の連結環は住所あるいは居所である。これは国際私法における属人法の考え方で、税法がこの概念を採用している背景としては、私法の規律する法律領域と税法が重複する部分が多い等のことが考えられる。

ヘ　居住形態の変更

典型例は以下のとおりである。

① 日本国籍の居住者の社員が7月から海外に1年以上勤務する場合
② ①の個人が数年後の6月末に日本勤務となった場合
③ ①の個人が体調不良で海外勤務を中止して6か月で帰国した場合
④ 当初3か月予定で海外勤務となった個人の勤務が1年以上になった場合

個人の場合、暦年の途中で居住形態が変更されることがある。その場合、変更前と変更後の居住形態と課税所得の範囲が問題になる。

①の場合、年初から6月末まで日本居住者、7月以降非居住者となる。

②の場合、年初から6月末まで非居住者、7月以降日本居住者となる。この場合、1年以上の期間による判定はなく、帰国した日から日本居住者とされる。

③の場合、結果的に6か月で帰国したが、1年以上の海外勤務ということで日本を離れた段階で非居住者となり、海外勤務に従事した6か月間は非居住者となる。

4) John Buchan, The Law relating to the Taxation of Foreign Income（London, Steves and Sons Limited,1905）p.xxii.
5) Solo Picciotto, International Business Taxation（London Weidenfeldand Nicolson,1992）Section II.
6) John Buchan, op.cit.,p.79.

　④の場合、海外勤務が１年以上となることが明らかになった時点で日本非居住者となる。③と④の場合、いずれも状況が変化した段階で居住形態が変更になり、遡って最初から居住形態変更ということはない。

　所得税法上、出国は、単に日本を離れることではなく、以下のような定義がある（所２①四十二）。

> 出国：居住者については、国税通則法第117条第２項（納税管理人）の規定による納税管理人の届出をしないで国内に住所及び居所を有しないこととなることをいい、非居住者については、同項の規定による納税管理人の届出をしないで国内に居所を有しないこととなること（国内に居所を有しない非居住者で恒久的施設を有するものについては、恒久的施設を有しないこととなることとし、国内に居所を有しない非居住者で恒久的施設を有しないものについては、国内において行う第161条第１項第６号（国内源泉所得）に規定する事業を廃止することとする。）をいう。

国内に住所を有する者と推定する場合の規定は次のとおり（所令14）。

> **第14条**　国内に居住することとなった個人が次の各号のいずれかに該当する場合には、その者は、国内に住所を有する者と推定する。
> 一　その者が国内において、継続して１年以上居住することを通常必要とする職業を有すること。
> 二　その者が日本の国籍を有し、かつ、その者が国内において生計を一にする配偶者その他の親族を有することその他国内におけるその者の職業及び資産の有無等の状況に照らし、その者が国内において継続して１年以上居住するものと推測するに足りる事実があること。
> ２　前項の規定により国内に住所を有する者と推定される個人と生計を一にする配偶者その他その者の扶養する親族が国内に居住する場合には、これらの者も国内に住所を有する者と推定する。

国内に住所を有しない者と推定する場合の規定は次のとおり（所令15）。

> 第15条　国外に居住することとなった個人が次の各号のいずれかに該
> 当する場合には、その者は、国内に住所を有しない者と推定する。
> 一　その者が国外において、継続して1年以上居住することを通常必
> 　要とする職業を有すること。
> 二　その者が外国の国籍を有し又は外国の法令によりその外国に永住
> 　する許可を受けており、かつ、その者が国内において生計を一にす
> 　る配偶者その他の親族を有しないことその他国内におけるその者の
> 　職業及び資産の有無等の状況に照らし、その者が再び国内に帰り、
> 　主として国内に居住するものと推測するに足りる事実がないこと。
> 2　前項の規定により国内に住所を有しない者と推定される個人と生計
> 　を一にする配偶者その他その者の扶養する親族が国外に居住する場合
> 　には、これらの者も国内に住所を有しない者と推定する。

ト　課税所得の範囲・国外所得が課税になる理由

課税所得の範囲は次のように規定されている（所7）。

非永住者以外の居住者	すべての所得
非永住者	所得税法第95条第1項（外国税額控除）に規定する国外源泉所得（国外にある有価証券の譲渡により生ずる所得として政令で定めるものを含む。以下「国外源泉所得」という。）以外の所得及び国外源泉所得で国内において支払われ、又は国外から送金されたもの
非居住者	所得税法第164条第1項各号（非居住者に対する課税の方法）に掲げる非居住者の区分に応じそれぞれ同項各号及び同条第2項各号に定める国内源泉所得

国外所得が課税になる理由としては、居住者については、ある国が課税管轄権の行使の連結点を対人主権としているのであれば、その者のすべての所得を課税することができることになるが、非居住者については、領土主権ということで、領土は国際法の定めるところであり、その領土内にある財産等

が課税対象となる。

チ　非永住者の税務

　非永住者の税務の典型例としては、外資系内国法人に３年程度勤務するために来日した外国人社員の給与所得の課税が挙げられる。具体例は、後述する**（6）**の事例（1－5）を参照されたい。

リ　双方居住者の振分け

（イ）双方居住者振分けの意義

　個人又は法人等が租税条約締約国の双方の国の居住者となると、いずれの国においても無制限納税義務者となり二重課税となることから、これを解消するために租税条約においては、いずれかの締約国の居住者となるように振り分ける規定が置かれている。これは双方居住者の振分け規定（tie-breaker rule）といわれるもので、古い形態の租税条約ではこの振分け規定がなく、双方の締約国の権限ある当局により協議により居住者の判定をすることになっている。

（ロ）日米租税条約における振分け規定

　日米租税条約第4条第3項における双方居住者の振分け規定では、次のような順序により判定することになる。

① 　当該個人は、その使用する恒久的住居（permanent home）が所在する締約国の居住者とみなす。

② 　当該個人は、その人的及び経済的関係がより密接な締約国（重要な利害関係の中心がある締約国）の居住者とみなす。

③ 　当該個人は、その有する常用の住居（habitual abode）が所在する締約国の居住者とみなす。

④ 　国籍

⑤ 　権限ある当局の合意

（2）事例（1－1）日本在住の外国人の居住形態

> **（事例1）**
>
> 　外国人社員を雇用している内国法人では、次のような事例が生じたが、それぞれの外国人の居住形態はどうなるのか。
>
> ①　9月に初来日した社員で、3年程度勤務する予定の場合。
>
> ②　再来日の社員で、1年間の日本勤務予定で3年前まで5年超勤務していた場合。
>
> **（事例2）**
>
> 　米軍基地に勤務する米国人の妻が英語教師のアルバイトをした場合。

結論

（事例1）

　国内に住所を有する者と推定する場合の規定（所令14）の適用で居住者となり、在日勤務が3年ということから、①は非永住者である。

　②は、永住者である。過去10年以内において国内に住所又は居所を有していた期間が5年以下である個人に該当しないから非永住者とはならない。

（事例2）

　米軍基地に勤務する米国人の給与は、課税を免除されている。また、家族は非居住者として扱われることから、アルバイトの報酬は、非居住者として源泉徴収（20.42％）される。

解説

　外国人の場合、国籍ではなく、居住者あるいは非居住者等を判定する居住形態によることになる。例えば、ロンドンに転居して長期間居住している日本人は、英国居住者で、日本非居住者となる。

　米国軍人及びその家族等の場合は、例外として、実際に日本にある米軍基地内に居住していても、所得税法とは別に日米地位協定（「日本国とアメリカ合衆国との間の相互協力及び安全保障条約第6条に基づく施設及び区域並

びに日本国における合衆国軍隊の地位に関する協定」）第13条第2項及び「同
協定の実施に伴う所得税法等の臨時特例に関する法律」第3条第3項により、
米国軍人としての給与は日本においては課税免除、また、家族は非居住者と
なる。

（3）事例（1－2）帰国した海外勤務社員の課税関係

（事例）

　日本人社員Aは、米国勤務3年の最後の年の1月～6月まで米国子会
社勤務。7月から日本親会社勤務となった。給与は、米国では子会社か
ら、日本では親会社から支払われる。1月から6月までの間、日本の自
宅を賃貸したことで不動産収入がある。また、この年の4月に日本に来
た時に、医療費を支払っている。

結論

　Aの居住形態は、1月～6月までは米国居住者、7月以降は日本居住者と
なる。Aは、日本の親会社からの7月以降の給与の他に、帰国までの間の不
動産収入がある。その所得金額が20万円を超える場合、確定申告が必要にな
る（所121）。なお、医療費控除の対象となる医療費は、居住者期間のみが対
象となり上記医療費は対象にならない。

（4）事例（1－3）外国子会社に転勤した社員の源泉徴収

（事例）

　日本人社員Bは、1月～6月まで日本親会社勤務。7月から米国子会
社に3年程度勤務することになった。出国時の源泉徴収はどうなるのか。

結論

　Bは、1月から6月までの間、日本居住者であり、7月以降は非居住者と

なる。このように、年の途中で非居住者になった給与所得者の場合、扶養控除等申告書を提出した居住者として、給与等の支給額が2,000万円以下で1年以上の海外勤務となる場合、給与の支払者は、出国時までに年末調整をすることになる。社会保険料は、居住者期間に支払われた額が控除される。人的控除は、出国時の現況で、生計を一にしていたか等及びその年の12月までの見積もった合計所得金額により判定される。

（5）事例（1－4）非永住者の送金課税について

（事例）

米国系内国法人に勤務する所得税法上の非永住者である米国人社員Cの年間給与等は以下のとおりである。

① 国内払い給与1,000万円、国外払い給与500万円で、計1,500万円

② Cは、年間日数の5分の3が国内勤務、5分の2が国外勤務

③ この年分における米国からの送金額は400万円

④ Cのこの年分における米国不動産所得は円換算して300万円

結論

1 国内源泉所得と国外源泉所得の算定

Cの国内源泉所得は1,500万円×3/5＝900万円、国外源泉所得は1,500万円×2/5＝600万円となる。

ここでは、国内払い分が国内源泉所得ではなく、役務の提供日数による按分計算による。

2 国内払いと国外払いの分析

国内源泉所得のうち、国内払い分は900万円×1,000万円/1,500万円＝600万円、国外払い分は600万円×500万円/1,500万円＝200万円となる。

国外源泉所得のうち、国内払い分は600万円×1,000万円/1,500万円＝400万円、国外払い分は600万円×500万円/1,500万円＝200万円となる。

3　国外から送金があった場合の処理（所令17④）

　国外から送金があった場合は、次のような順序の処理になる。

① 　国内源泉所得に係る所得について送金があったものとみなされる。

② 　送金額＞国内源泉所得の場合、その差額は国外源泉所得に係る所得の送金とみなされる。

　上記①と②を事例に当てはめると、次のようになる。

③ 　送金額400万円のうち国内源泉所得の国外払い分は300万円、国外源泉所得に係る所得の送金分は100万円である。

④ 　国内源泉所得（900万円）＋国外源泉所得の内の国内払い分（400万円）＋100万円＝1,400万円（課税対象）

4　送金の所得区分

　課税となる送金分100万円を国外源泉所得の国外払い分200万円と国外源泉所得である不動産所得300万円に按分する。すなわち、給与所得に40万円、不動産所得に60万円となる。

（6）事例（1－5）年の中途で非居住者から居住者に変更した場合の損益通算等の適用関係

（事例）

　給与所得者Dは、6月末まで内国法人の米国支店に勤務し退職。7月から日本に帰って事業を行ったが、その年の事業所得は赤字であった。Dのこの年の所得は、国外源泉所得となる米国支店からの給与を除き、内国法人からの退職所得と居住者期間の事業損失である。この場合、内国法人勤務期間の多くが国内勤務であったので、それに相当する給与所得と事業損失の通算は可能か。

結論

　Dが退職所得を受け取った時点の居住形態が非居住者であることから、退

職所得のうち、国内の勤務に基因する部分については、源泉分離課税となる。この事例で損益通算されるのは、総合課税される所得であることから、Dの場合は、損益通算できない（所102、所令258①二）。

2 PE

（1）理解のポイント

イ　PEに関する規定

　租税条約において、恒久的施設（Permanent Establishment：PE）は、事業を行う一定の場所であって企業がその事業の全部又は一部を行っている場所と定義されている。国内法ではPEは定義がなかったが、平成26年度の税制改正において、定義規定が創設されている。PEの例示としては、事業の管理の場所、支店、事務所、工場、作業場、鉱山等の天然資源を採取する場所等があるが、租税条約ごとにその内容は若干異なっている。

　なお、国内法の規定は以下のとおりである（所２①八の四、法２十二の十九）（下線筆者）。

> 恒久的施設　次に掲げるものをいう。ただし、我が国が締結した所得に対する租税に関する二重課税の回避又は脱税の防止のための条約において次に掲げるものと異なる定めがある場合には、その条約の適用を受ける非居住者又は外国法人については、その条約において恒久的施設と定められたもの（国内にあるものに限る。）とする。
>
> イ　非居住者又は外国法人の国内にある支店、工場その他事業を行う一定の場所で政令で定めるもの
>
> ロ　非居住者又は外国法人の国内にある建設若しくは据付けの工事又はこれらの指揮監督の役務の提供を行う場所その他これに準ずるものとして政令で定めるもの
>
> ハ　非居住者又は外国法人が国内に置く自己のために契約を締結する権

> 限のある者その他これに準ずる者で政令で定めるもの

ロ　PE置換え規定の設例（代理人PEの例）

　上記イに掲げたPEに係る定義のただし書の下線部分は、平成30年度改正で加えられた部分である。租税条約におけるPEの規定に国内法が置き換えられ、PE置換え規定といわれる。その適用例は以下のとおりである。

国内法	租税条約	国内の課税関係
（旧法：ケース１） ①常習代理人（従属代理人） ②在庫保有代理人 ③注文取得代理人	従属代理人	従属代理人のみ課税
（仮のケース２） 従属代理人	（仮に） ①従属代理人 ②在庫保有代理人 ③注文取得代理人	租税条約の規定優先であっても左の②と③の規定が国内法にないことから課税は問題がある。
（PE置換え規定あり：ケース３） 従属代理人	①従属代理人 ②在庫保有代理人 ③注文取得代理人	②及び③も課税 ①従属代理人 ②在庫保有代理人 ③注文取得代理人

　上記のケース３の課税関係が、PE置換え規定の創出で生じることになった。ケース３については、『改正税法のすべて　平成30年版』（大蔵財務協会）669頁に同様の説明がある。

ハ　「PEなければ課税なし」の意義

　PEは、非居住者の事業所得課税の要件であるが、仮に、事業所得があっても、PEがなければ課税関係は生じない。過去に、通信販売大手の外国法人（アマゾン）の課税問題において、日本のこの法人のPEの有無が検討された事例がある。

　しかし、非居住者（個人及び法人等）に、日本源泉の投資所得（配当、利子、使用料等）がある場合、この非居住者が日本にPEを有していることを課税要件にはしていない。したがって、「PEなくても課税あり」という所得

があることになる。「PEなければ課税なし」は、事業所得課税の原則である。

二　BEPS条約の影響

(イ) BEPS条約の目的

　　BEPS条約は、租税回避防止を目的にOECDにより作成された多国間条約で、各国が締結している二国間租税条約にBEPS条約を適用し、補完することで、二国間租税条約の規定の整備とレベルアップを図るものである。

　　日本の場合を例として、BEPS条約が適用となる場合には以下の条件を充足する必要がある。

① 日本と租税条約（所得税租税条約のことで情報交換協定は除く。）を締結していること

② 日本と条約相手国双方がBEPS条約の適用対象国として共に選択していること

③ 日本と条約相手国がBEPS条約の規定に関して適用することを共に選択していること

④ BEPS条約の批准書等を寄託（留保・通告の提出）していること

(ロ) BEPS条約適用上のチェックポイント

　　BEPS条約は、租税回避等を防止することを目的として、各国が締結している租税条約の規定のレベルアップを図るもので、租税回避防止規定の均一化を目指したものである。

　　BEPS条約の適用に関するチェックポイントは次の諸点である。

① BEPS条約による現行租税条約の改訂度合いは、当然、古い形の租税条約ほど多くの改訂が生じ、比較的新しく締結された租税条約の場合、BEPS条約の影響は少ないことになる。

② BEPS条約は、適用対象国・地域に限定されており、適用対象国以外の租税条約は、従来どおりとなる。例えば、米国はBEPS条約に参加していないことから、日米租税条約へのBEPS条約の影響はない。

③ BEPS条約は、租税回避防止を目的としていることから、源泉地国における課税の減免に関する規定がなく、現行租税条約における投資所得

に係る限度税率には影響はない。

④　BEPS条約の制定の背景として大手IT企業による租税回避があったことから、PEに関する租税回避防止規定が強化されている。

（2）事例（2-1）海外に期間限定で出店した場合の課税関係

（事例）

飲食業を営む内国法人が海外のイベントからの依頼で約半年間そのイベント会場においてレストランを経営した。この場合、内国法人は期間が限定され、かつ短期間であったことから、イベント開催国において課税関係は生じないものと考えたが、この考え方は認められるのか。

結論

この事例のレストランは、PEとみなされて現地で課税されることになる。参考事例として、米国における事例で、デンマーク法人が米国において連続する2年間でそれぞれ6か月（4月中旬から10月中旬まで）の間、ニューヨークの世界博覧会のパビリオン内のレストランを経営したことがある。同法人は、米国・デンマーク租税条約第2条及び第3条に規定するPEを通じて米国で事業を行ったものとみなされて、レストランの所得は米国で課税となった（Rev. Rul.67-322）。

解説

PEの判定方法の基準として確立したものはないが、米国の文献（Rhoades & Langer, U. S. International Taxation and Tax Treaties, Matthew Bender, Ch.44）において説明されている恒久的施設の判定のための3つのテストは次のとおりである。

①　資産テスト（asset test）は、源泉地国に保有されている支店、事務所、店舗、工場等のある種の資産が恒久的施設を構成するか否かを決定する際に使用される。

② 代理人テスト（agency test）は、企業が源泉地国に事業を行う一定の場所を維持していない場合でも、代理人、ブローカー、パートナー、子会社の活動がPEを構成するか否かを決定する際に使用される。

③ 活動テスト（activity test）は、企業が源泉地国において商品の貯蔵、展示、発送、購入等の所定の活動を行うことがPEを構成するか否かを決定する際に使用される。

さらに、前記文献によれば、事業を行う一定の場所は、一般的に、継続的な事業活動に従事している場合のみ恒久的施設を構成するとし、その場合の2つの要件とは、①事業の積極的活動（active conduct of business）、②活動の継続性（continuity of activities）、であるとしている。

しかし、理論的には上記の説明になるが、実際問題としては、事業上の拠点がどの程度所得を取得したのかも重要な要素である。税務当局が調査を実施するに足る所得かどうかということで、上記の要件に、④所得金額要件、を補足するのも一案である。

（3）事例（2－2）代理人PEの課税

（事例）
　外国法人E社は、その日本子会社を通じて同社の製品の販売を行っており、租税条約上、源泉地国（この事例では日本）で課税となる要件は次の2つである。この要件に該当しなければ課税されないのか。

① 当該企業の名において契約を締結する権限を有し、かつ、

② この権限を反復して行使すること

結論

　平成26年度の税制改正において、代理人PEに関する規定が改正されている。また、BEPS条約の適用対象となる場合等があり、以下のように適用関係が分かれている。

① 日本と租税条約があり、租税条約が事例の従属代理人の要件を規定し、

かつ、BEPS条約の影響がない場合

②　日本と租税条約があり、BEPS条約の影響がある場合

③　日本と租税条約がない場合

　上記①は、日米租税条約等が該当する。日本は、国内法の課税を強化したが、租税条約が優先適用となる。この場合、事例のケースでは課税になる可能性が低いことになる。

　上記②に該当する場合は、BEPS条約の適用対象国が代理人PEの規定を選択していることが条件になるが、外国企業によって重要な修正が行われることなく日常的に締結される契約のために反復して主要な役割を果たす者も、PEと認定されることとなる。すなわち、PEとされる代理人の活動に、外国企業の資産の所有権の移転等に関する契約の締結を含め、また、契約締結につながる主要な役割を果たすことが追加されている。したがって、この場合、事例のケースは課税となる。

　上記③は、国内法が平成26年度改正によりBEPS条約と同様の内容になり、課税となる。

3　不動産の賃貸と譲渡の所得

（1）理解のポイント

イ　譲渡所得を含む不動産所得の課税

　不動産の賃貸及び譲渡所得の所得源泉地については、不動産の所在地ということで、疑義が生じる余地は生じない。

　問題点の1は、不動産所得が赤字の場合、他の所得と損益通算が可能になることを利用して租税回避が行われることである（事例3−2を参照）。

　問題点の2は、日本及び米国等のように、非居住者の所定の不動産譲渡の対価に対して、源泉徴収が行われることである（事例3−1を参照）。

　問題点の3は、不動産所有法人の株式の譲渡課税の問題で、これは次項ロを参照のこと。

ロ 不動産化体株式の譲渡

不動産化体株式とは、所得税及び法人税等において規定のある不動産関連法人の株式のことである。一般に不動産化体株式といわれている。

平成30年度改正後の不動産関連法人の定義及び株式の譲渡所得に係る所得税法等の規定は、以下のとおりである（所161①三、所令281①五、⑧⑨⑩）。

（所161①三）

　国内にある資産の譲渡により生ずる所得として政令で定めるもの

（所令281①五）

　法人（不動産関連法人に限る。）の株式（出資及び投資信託及び投資法人に関する法律第2条第14項（定義）に規定する投資口（第9項において「投資口」という。）を含む。第8項及び第10項において同じ。）の譲渡による所得

（所令281⑧）

　第1項第5号に規定する不動産関連法人とは、その株式の譲渡の日から起算して365日前の日から当該譲渡の直前の時までの間のいずれかの時において、その有する資産の価額の総額のうちに次に掲げる資産の価額の合計額の占める割合が100分の50以上である法人をいう。（以下略）

（所令281⑨）

　第1項第5号に規定する株式の譲渡は、次に掲げる株式（投資口を含む。以下この項において同じ。）又は出資の譲渡に限るものとする。（以下略）

（所令281⑩）

　前項に規定する特殊関係株主等とは、次に掲げる者をいう。（以下略）

ハ 第3次日米租税条約の譲渡収益（第13条）

不動産化体株式に係る第13条の規定は以下のとおりである。

　2　(a) 一方の締約国の居住者が、他方の締約国の居住者である法人（そ

の資産の価値の50パーセント以上が当該他方の締約国内に存在する不動産により直接又は間接に構成される法人に限る。）　の株式その他同等の権利の譲渡によって取得する収益に対しては、当該他方の締約国において租税を課することができる。ただし、当該譲渡に係る株式と同じ種類の株式が第22条5（b）に規定する公認の有価証券市場において取引され、かつ、当該一方の締約国の居住者及びその特殊関係者の所有する当該種類の株式の数が当該種類の株式の総数の5パーセント以下である場合は、この限りでない。

（b）一方の締約国の居住者が組合、信託財産及び遺産の持分の譲渡によって取得する収益に対しては、これらの資産が他方の締約国内に存在する不動産から成る部分に限り、当該他方の締約国において租税を課することができる。

二　第3次日米租税条約の改正議定書

（イ）第3次日米租税条約の一部改正

　　第3次日米租税条約の改正議定書（以下「改正第3次日米租税条約」という。）は、平成25年1月24日に署名されたが、約6年間米国において批准手続が行われず、米国議会がこの現状を打破する議決を行い、令和元年8月30日に改正第3次日米租税条約が発効した。

第13条

2　この条の規定の適用上、「他方の締約国内に存在する不動産」には、次のものを含む。

（a）第6条に規定する不動産

（b）当該他方の締約国が日本国である場合には、法人、組合又は信託（その資産の価値が主として第6条に規定する不動産であって日本国内に存在するものにより直接又は間接に構成されるものに限る。）の株式又は持分

（c）当該他方の締約国が合衆国である場合には、合衆国不動産持分

（ロ）技術的説明書の公開

　平成27年10月29日付けで、改正第3次日米租税条約に関する米国側の対議会用説明資料である「技術的説明書」（Technical Explanation。以下「説明書」という。）が米国財務省のホームページにアップされた。改正第3次日米租税条約の解釈において、この「技術的説明書」は重要な資料であることから、以下では、譲渡収益に係る要点をまとめる。

　日本は、第3次日米租税条約（現条約）改正（平成16年発効）に不動産化体株式の規定が創設されたことを受けて、平成17年度税制改正において「不動産関連法人株式の譲渡の課税」の規定を創設している。

　改正第3次日米租税条約により、第13条では第2項が新設され、日本側では組合又は信託の株式とその適用範囲が拡大している。他方、米国側では、「他方の締約国内に存在する不動産」に、当該他方の締約国が合衆国である場合には、米国不動産持分（United States real property interest）が規定された。この用語は、内国歳入法典第897条（c）に定義されている。

　この米国不動産持分には、米国所在の不動産（米領バージン諸島分を含む。）と米国不動産保有法人（U.S. real property holding corporation）の株式も含まれる。この米国不動産保有法人の判定は、次の算式（①÷②）の結果が50％以上であることが要件となっている（内国歳入法典第897条（c）（2））。

① （分子）：米国不動産持分の時価

② （分母）：米国不動産持分の時価＋米国国外不動産持分の時価＋事業用資産の時価

　なお、米国不動産保有法人の判定において、株式処分前の5年間のいずれかの時点において上記の割合が50％以上である場合、米国不動産保有法人に該当することになることに留意が必要であると共に（内国歳入法典第897条（c）（1）（A）（Ⅱ））、米国が所得源泉地国となる場合、上記の米国国内法の適用を受けることになる。

（2）事例（3－1）外国人による不動産譲渡の課税関係

（事例）

　日本に居住していたが、事情があって本国に帰ったFは、日本に５年超保有していた土地を譲渡した。日本居住者Gが土地の譲渡を受けた。この場合の源泉徴収の関係等はどうなるのか。

結論

1　Fの申告納税

　Fはこの土地の譲渡益について、日本で申告納税する義務がある。税率は、５年を超えて所有する土地であり、特別控除額の生じるものでもないことから、分離課税で課税長期譲渡所得金額に15％の税率が課される。また、平成25年から令和19年までは、復興特別所得税として各年分の基準所得税額の2.1％を所得税と併せて申告・納付することになる。なお、申告に際しては源泉徴収の納付書の写しを添付することになる。Fが納税管理人を指定する場合の手続等は、テーマ「**19　納税管理人**」を参照のこと。

2　源泉徴収

　非居住者であるFから土地の譲渡を受けたGは、譲渡対価を国内で支払う場合、所得税と復興特別所得税の計10.21％の税率で、源泉徴収をすることになる。個人で、自己又はその親族の居住の用に供するために非居住者等から土地等を購入した場合であって、その土地等の譲渡対価が１億円以下である場合には、その個人は支払の際に源泉徴収不要であるが、本事例はこれに該当していない。

（3）事例（3－2）国外中古建物の税務

（事例）

　日本居住者のHは、節税効果があるということで、米国の不動産に投

資をした。購入した不動産は、自己資金により木造の賃貸アパート（築25年を経過）で取得価額は5,000万円（土地1,000万円、建物4,000万円）で令和元年1月に契約した。Aの令和元年の所得金額は1,000万円で、各年不動産収入は、減価償却費を除く必要経費とほぼ同額であることから、減価償却費分が赤字である。令和2年度の税制改正により、国外中古建物の不動産所得に係る課税について改正されたが、今回の改正はAの課税に影響するのか。なお、Aは長期譲渡の課税を受けるため、保有期間が5年を超えた時点でこの不動産を譲渡する予定である。

結論と解説

　日本における土地と建物の価額では、土地の価額が相対的に高いのが一般的であるが、外国では、土地の価額の比重が低く、建物の価額が高くなっている。令和2年度の改正の対象となったのは、以下のような特徴のある不動産である。この改正は、国外の中古建物の減価償却費を利用した租税回避を防止することが目的である。

① 　国外であること

② 　中古建物であること

③ 　改正法は令和3年分の所得税について適用

　木造の建物（店舗用、住宅用のもの）の場合、法定耐用年数は22年である。中古資産の耐用年数は、法定耐用年数を全部経過したものは、見積残存耐用年数＝法定耐用年数×20％であることから、法定耐用年数が22年の中古木造住宅であれば、建物の見積残存耐用年数は、22年×20％≒4年である。

　国外中古建物に係る規定は、令和3年分以後の所得税に適用となることから、本事例では、令和元年分と令和2年分の所得税は、令和2年度の改正の適用を受けることにはならないものと思われる。

　本事例の国外不動産は国外中古建物に該当する。見積残存耐用年数は4年であることから、各年分の減価償却費は、4,000万円÷4年＝1,000万円である。

　したがって、令和元年と令和2年分の不動産所得の損失はそれぞれの年分が1,000万円ということになり、令和元年及び同2年分については、不動産

所得の損失と他の所得金額がほぼ同額という結果になったが、令和3年分及び同4年分については、この損失額がなかったものとみなされることから、国外不動産所得は0ということになる。

なお、国外中古建物の譲渡については、償却費の累計額からなかったものとみなされた償却費を除くことになることとなっていることから、仮に譲渡収入が5,000万円であった場合、償却費として必要経費とした金額が譲渡益となる。

（4）事例（3-3）非居住者との間の取引における不動産についての低額譲渡

（事例）

日本に居住していたJは、仕事の関係があり、ベルギーに移住した。Jは、日本に10年以上居住していたときの自宅（相続税の時価2億5,000万円相当）を都心に所有しているが、移住に伴い不要になったことから、仕事の関係で世話になっている日本居住者Kに時価の半分程度で譲渡することにした。この場合、JとKの課税関係はどうなるのか。

結論

1　Jの課税関係

Jの居住形態は日本非居住者になる。事例の不動産は、5年以上の長期保有になるので、税率は15％である（住民税は非居住者ということで課税はない。）。復興特別所得税として各年分の基準所得税額の2.1％を所得税と併せて申告・納付することになる。

2　Kの課税関係

Kは、譲渡対価を支払う際に、譲渡対価の10.21％を源泉徴収する必要がある。また、時価相当額の半額ということで、その差額相当額の贈与を受けたことから、贈与税の申告と納税が必要になる。

（5）事例（3－4）非永住者の国外不動産所得に係る赤字の扱い

（事例）

　米国居住者であったLは、初来日し、日本にある米国系法人に３年程度勤務することになった。Lは、米国に不動産を所有し、収入を得ているが、必要経費が多く赤字である。Lは、不動産収入の一部を米国から送金しているが、この国外不動産所得の赤字をLの給与所得と通算することは可能か。

結論

　まず、Lの日本における居住形態は非永住者である。非永住者の課税所得の範囲は、国外源泉所得以外の所得及び国外源泉所得で国内において支払われ、又は国外から送金されたものである。Lの居住形態が永住者であれば、損益通算はできるが、非永住者の場合は、上記のような送金課税の規定があるのみで赤字の処理については特に明定したものがない。国外から送金があった場合は、次のような処理になる。

①　国内源泉所得に係る所得について送金があったものとみなされる。

②　送金額＞国内源泉所得の場合、その差額は国外源泉所得に係る所得の送金とみなされる。

　法律の建て方の趣旨が、国外源泉所得の金額がある場合（黒字の場合）を想定したものと解することができることから、上記の事例における損益通算はできないものと考える。

（6）事例（3－5）日本へ帰国後に海外の居住用財産を譲渡した場合の課税関係

（事例）

　長期の米国勤務をしたM（日本国籍・グリーンカード保有）は米国に自宅を保有して居住していたが、日本に帰国して新たな職場で働くこと

になり、来日後に不要になった米国の自宅を譲渡することになった。この譲渡については、譲渡益（750万円程度）が生じることになるが、この場合、居住用財産の譲渡に係る特別控除との特例を受けることができるのか。なお、この米国不動産は、円高の時期に取得したもので、譲渡時には取得時と比較して1ドル25円ほど円安になっている。上記の譲渡益の内訳はこの為替の変動に伴う部分が影響している。

結論と解説

1　Mの居住形態

Mは帰国した段階で、日本永住者である。日米租税条約適用上では第4条（居住者）第2項の適用になる（下線筆者）。

2　1の規定にかかわらず、合衆国の市民又は合衆国の法令に基づいて<u>合衆国における永住を適法に認められた外国人である個人</u>は、次の(a)から（c）までに掲げる要件を満たす場合に限り、合衆国の居住者とされる。

(a) 当該個人が、1の規定により日本国の居住者に該当する者でないこと。

(b) 当該個人が、合衆国内に実質的に所在し、又は恒久的住居若しくは常用の住居を有すること。

(c) 当該個人が、日本国と合衆国以外の国との間の二重課税の回避のための条約又は協定の適用上当該合衆国以外の国の居住者とされる者でないこと。

　上記条文のうち、下線を付した部分は、Mのようにグリーンカードを所有している外国人が該当する。第4条第3項には双方居住者の振分け規定があるが、Mの場合は第2項の適用となる。結論として、租税条約上は、日本居住者であり、米国非居住者であるという扱いになる。

2　特別控除の特例の適用

　居住用財産を譲渡したときは、所有期間にかかわらず、3,000万円の特別控除の特例を受けることができる。

　その適用要件としては、本事例との関係では、以前に住んでいた家屋等の譲渡の場合には、住まなくなった日から3年を経過する日の属する年の12月31日までに売ることが要件となる（措法35）。

　所有期間が5年超の居住用財産の譲渡所得の税率は所得税・住民税・復興特別所得税合わせて20.315％であるが、10年超所有による軽減税率の特例が適用されると、課税譲渡所得が6,000万円以下の部分については税率が14.21％にまで軽減される（措法31の3）。この軽減税率の特例を受けるには、所定の要件すべてに当てはまることが必要になるが、その要件の1つが、日本国内にある自己の居住用建物等の譲渡であり、本事例には該当しない。したがって、本事例では、10年超所有軽減税率の特例の適用はない。

3　譲渡所得の計算

　譲渡所得の計算は、日本の所得税法の規定に従って計算することになる。Mは、米国において、グリーンカードを所有している外国人ということになることから、米国における納税申告も必要になる。

4　適用を受けるための手続

　3,000万円の特別控除の特例を受けるためには、確定申告が必要である。

　申告の際の添付書類として、売買契約日の前日においてその不動産を売った人の住民票等、譲渡者が居住の用に供していたことを明らかにするものを提出することになるが、米国には住民票に類するものはない。

　海外在住の個人で住民票が必要な場合は、住民票の代わりになるのが在留証明である。在留証明は、現地の在外公館で発行される。その発行の条件は、日本国籍を有すること、現地に3か月以上滞在し、かつ現在も居住していることが要件になるので、発行に際しては、パスポートのほか、公共料金の請求書など滞在期間と居住地がわかるものを持参することになる。したがって、

米国を離れる前に在留証明を取得する必要がある。

4　利子所得

（1）理解のポイント

　利子所得については、租税条約に定める限度税率に関心が集まるが、いくつかの変則的な規定が租税条約にはある。

イ　日米租税条約における利子所得の条約免税

　第3次日米租税条約の改正議定書（以下「改正第3次日米租税条約」という。）は、令和元年8月30日に発効している。この改正第3次日米租税条約における特徴の1つは、利子所得が原則として条約免税になったことである。

　しかし、以下に掲げた第11条第2項（a）は、第1項にかかわらず10％の課税を定めている。この規定は、改正第3次日米租税条約において新設されたものである。

> 2　1の規定にかかわらず、
>
> 　（a）債務者若しくはその関係者の収入、売上げ、所得、利得その他の資金の流出入、債務者若しくはその関係者の有する資産の価値の変動若しくは債務者若しくはその関係者が支払う配当、組合の分配金その他これらに類する支払金を基礎として算定される利子又はこれに類する利子であって、一方の締約国内において生ずるものに対しては、当該利子が生じた一方の締約国において、当該一方の締約国の法令に従って租税を課することができる。その租税の額は、当該利子の受益者が他方の締約国の居住者である場合には、当該利子の額の10パーセントを超えないものとする。

　米国では、米国の者から外国の者（米国非居住者）に支払われるポートフォ

リオ利子については、米国国内法により源泉徴収課税はない（内国歳入法典第871条（h））。しかし、偶発利子（Contingent interest）は、債務者の収入、売上、資金の流入量、所得、利益、債務者の所有する財産価値の変動額、債務者による配当等、分配等のいずれかに関連して計算される金額の利子のことで、米国国内法により30％の源泉徴収で課税される。

この偶発利子に関する改正第11条第2項における規定は、米国国内法の規定と類似していることから、おそらく適用例としては、米国居住者から日本の居住者（米国非居住者）に対する偶発利子が想定できる。仮に、米国居住者から日本居住者に対する偶発利子であれば、米国国内法では30％の源泉徴収となるが、改正条約では、これを10％の限度税率とすることを規定したものと思われる。

この規定は、上記のように米国国内法に由来する規定と解釈していたが、改正第3次日米租税条約の改正が署名された後の同年に改正署名された改正第3次日英租税条約第11条第2項にも同じ規定がある。その背景としては、利子所得の範囲に、上記の偶発利子の性質を持つものが入り込むため、このような規定が日米以外の租税条約にも規定されたものと思われる。

ロ　レポ取引

改正第3次日米租税条約の議定書8にレポ取引に係る規定がある。

レポ取引とは、保有する債券を一定期間後に一定額を上乗せした価格で買い戻すことを条件とした取引のことで、債券の売り手にとって、債券を担保にした一時的な資金調達ということである。

レポ取引については、利子として課税を主張する税務当局が訴訟で敗れたという事案がある（東京地判平成19年4月17日、東京高判平成20年3月12日、最三小判平成20年10月28日）。

上記の議定書8は、トレーディングの決済に債券を必要とする者が、条約相手国の居住者である債券所有者から債券を借り受け、その見返りとして担保金を支払い、一定期間経過後に、貸し出した者に対して、同種・同一数量の債券を返還して担保金の返還を受ける取引（レポ取引）等に係る規定で、

この規定は、レポ取引債券貸借の見返り金額あるいはコミットメント契約の手数料が利子所得として課税を受けないことを確認したものである。

ハ　バックトゥバック融資の規定

　平成24年12月に日本とニュージーランドの改正租税条約（以下ハにおいて「改正条約」という。）が署名された。改正条約第11条（利子）第5項に以下のような規定がある。すなわち、「当該利子がバックトゥバック融資に関する取決めその他これと経済的に同等であり、かつ、バックトゥバック融資に関する取決めに類似する効果を有することを目的とする取決めの一部として支払われる場合」10％の課税となる。

　改正条約の議定書10には以下のような規定がある。

> 条約第11条5の規定に関し、
> 「バックトゥバック融資に関する取決め」とは、特に、一方の締約国の居住者である金融機関が他方の締約国内において生じた利子を受領し、かつ、当該金融機関が当該利子と同等の利子を当該一方の締約国の居住者である他の者（当該他方の締約国内から直接に利子を受領したならば当該利子について当該他方の締約国において租税の免除を受けることができなかったとみられるものに限る。）に支払うことを内容とする全ての種類の取決めをいうことが了解される。

　バックトゥバック融資に関する方式は、一般的には、両国の親会社同士が異なる通貨建てのローンを供与し、これを相手国に所在する子会社に転貸する形態をとる。この改正条約の規定は、利子所得の条約免税を受けることができる金融機関（第三者）を支払者と受益者の間に挟むことで租税回避を防止したものといえる。具体的には、日本企業が日本における英国の子会社に円建ての貸付けを行い、英国企業が、英国における当該日本企業の子会社に英ポンドの円建て相当額を貸すとする。双方の企業は、為替市場を通さずに、必要な通貨を調達したことになる。

二 日本に帰国した個人が外貨預金の利子を受領した場合

外国勤務をした個人が、その勤務中に預金した外貨預金を解約せずに保有し、預金を受け取った場合、この個人は、日本永住者であることからこの利子は課税対象になる。この種の外貨預金利子は、源泉分離課税の対象になっていないことから、確定申告が必要であれば、申告納税することになる。また、国外財産調書に外貨預金を記載した場合、預金に関する申告をチェックする必要がある。

（2）事例（4－1）香港の個人居住者（A,B,C）が日本で賃貸用のマンションを購入する場合の支払利子の源泉徴収課税

（事例）

次の場合の課税関係はどうなるか。

① A所有の香港法人P社の完全子会社S社の内国法人が取得する場合で、S社は、P社から資金を借り入れる。

② B所有の香港法人H社が取得する場合で、H社はBが香港で所有する関連法人から資金を借り入れる。

③ Cが個人として取得する場合。

結論

ポイントは国内源泉所得に該当する支払利子を香港に支払う場合の課税関係である。この場合、日本と香港との間に租税条約があることにも注意が必要である。支払利子の所得源泉は、債務者主義で判定されるが、PE（恒久的施設）がある場合、PEの認定により結果が左右される。

①の場合、支払利子は国内源泉所得として課税となる。

②の場合、取得した不動産がPEとなると、支払利子は日本に源泉があるとみなされて課税される。PEとならない場合は課税されない。

③の場合は、②と同様に、日本におけるPEの有無により課税関係が異なることになる。

5　使用料所得

（1）理解のポイント

イ　使用料課税のポイント

　使用料課税のポイントの第1は、使用料の定義が国内法及び租税条約により異なることで、その適用関係が分かれる。第2は、所得源泉地決定の原則として、使用地主義と債務者主義がある。

ロ　国内法の規定

　所得税法第161条第1項第11号にある使用料の定義は以下のとおりである。

　国内において業務を行う者から受ける次に掲げる使用料又は対価で当該業務に係るもの

イ　工業所有権その他の技術に関する権利、特別の技術による生産方式若しくはこれらに準ずるものの使用料又はその譲渡による対価

ロ　著作権（出版権及び著作隣接権その他これに準ずるものを含む。）の使用料又はその譲渡による対価

ハ　機械、装置その他政令で定める用具の使用料

　また、所得源泉については、上記の規定の「国内において業務を行う者から受ける次に掲げる使用料又は対価で当該業務に係るもの」の「当該業務に係るもの」について、所得税基本通達161-33に規定がある。この通達では、「当該資産のうち国内において行う業務の用に供されている部分に対応するものをいう。」と解されており、これを使用地主義という。

　また、第161条第1項第11号の規定では、「機械、装置その他政令で定める用具の使用料」も含まれている。この政令（所得税法施行令第284条）で定める用具は「車両及び運搬具、工具並びに器具及び備品とする。」と規定されている。

さらに、備品の範囲については、所得税基本通達161 - 39において、「美術工芸品、古代の遺物等のほか、観賞用、興行用その他これらに準ずる用に供される生物が含まれることに留意する。」となっている。

ハ　使用料の所得源泉ルール

債務者主義は、利子所得あるいは使用料所得等の所得源泉ルールとして使用されるもので、これらの所得の源泉地はその支払者の居住地国にある。租税条約では、債務者主義が多く規定されており、使用地主義は、利子所得であれば借入した資金を使用した場所、使用料所得であればその財産又は権利等の使用される場所の所在地国で発生したものとされる基準である。

ニ　使用料と人的役務提供の対価の区分

例えば、工業所有権等の提供契約という場合、その権利者が技術指導等の必要性から技術者を派遣する場合がある。この場合、使用料部分と人的役務提供部分を明確に区分することが前提となるが、以下のものは使用料に含まれない（所基通161 - 37）。

「工業所有権等の提供契約に基づき、工業所有権等の提供者が自ら又は技術者を派遣して国内において人的役務を提供するために要する費用（例えば、派遣技術者の給与及び通常必要と認められる渡航費、国内滞在費、国内旅費）」

（2）事例（5 - 1）日印租税条約における使用料条項の適用関係

（事例）

内国法人が、インドにあるソフトウエア会社（以下「インド法人」という。）の高い技術力と妥当な価格を知りソフトウエアの開発を依頼してその対価を支払った。なお、この内国法人は、インド国内に支店等のPEを有していない。

　この事例は、内国法人がインド法人に対してソフトウエアの開発を委託してその対価を支払う取引である。この対価は、インドにおいて提供された技術者その他の人員によって提供される役務を含む経営的若しくは技術的性質の役務に該当するもので、その所得は、その対価の支払が行われる国である日本国内において生じたものとして、日本において課税の対象となる。

　日印租税条約第12条第4項に「技術上の役務に対する料金」の定義規定がある。この「技術上の役務に対する料金」は、技術者その他の人員によって提供される役務を含む経営的若しくは技術的性質の役務又はコンサルタント役務の対価としてのすべての支払金で、雇用関係に基づく給与等及び自由職業所得に該当するものはこれに含まれないとする旨が規定されている。

　使用料及び技術上の役務に対する料金に係る所得源泉ルールについては、日印租税条約第12条第6項に、「使用料及び技術上の役務に対する料金は、その支払者が一方の締約国又は当該一方の締約国の地方政府、地方公共団体若しくは居住者である場合には、当該一方の締約国内において生じたものとされる。(以下略)」と規定されていることから、技術上の役務に対する料金の所得源泉ルールは、債務者主義ということになる。なお、同様の規定は、日本・パキスタン租税条約にもあり、その第13条に「技術上の役務に対する料金」として独立した条項になっている。

　国連モデル租税条約第12A条（技術上の役務に対する料金）は平成29年改訂版において追加された条項である。日印租税条約の規定は平成元年の改正であり、上記の日本・パキスタン租税条約の規定は平成20年の改正である。このパキスタン租税条約の規定について、パキスタンは、日本等から技術指導・支援のための技術者等を多数受け入れていることもあり、技術上の役務に対する料金としてなされた支払についてパキスタンの課税権を確保することが狙いと説明されている（『改正税法のすべて　平成20年版』大蔵財務協会　572頁）。

6 キャピタルゲイン

（1）理解のポイント

　不動産譲渡の所得源泉地は、不動産の所在地になる。租税条約では、PE
の事業用資産の譲渡等の規定はあるが、キャピタルゲインの対象は主として
株式の譲渡益である。

　租税条約では、条約により源泉地国課税と居住地国課税に分かれている。

（2）事例（6－1）事業譲渡類似の課税

（事例）

　外国法人P社が第三国X国に所在する中間法人M社を通じて内国法人S
社を所有している。いずれも株式保有割合は100％で、P社は、このた
びM社株式を第三国法人N社にすべて譲渡することを計画している。結
果として、内国法人S社は、親会社がM社からN社に変わることになるが、
日本においてP社に課税関係は生じるのか。なお、P社は、日本にPEを
有しておらず、P社の所在地国と日本との間に租税条約は締結されてい
ない。

結論

　本事例は、内国法人の株式を所有する中間法人M社が設立され、非居住者
がこの中間法人の株式を譲渡するという間接譲渡の場合、結果として、その
子法人の資産も間接的に移転することから当該子法人の所在地国の課税は
どうなるのかということである。通常の場合、株式を譲渡するP社の所在地
国は、キャピタルゲイン課税のない国を選択し、中間法人M社は、日本にお
ける事業所得類似課税を回避するために設立したと考えるのが普通である。
結果として、この場合は、事業譲渡類似の国内法の適用はできない。なお、
中間法人を介在させず、P社がS社株式をすべて他の法人に譲渡した場合は、

事業譲渡類似課税の要件を満たすことから、P社は、日本において課税関係が生じることになる。

解説

1　非居住者の株式譲渡課税

　日本国内にPEを有しない非居住者（個人非居住者及び外国法人）による内国法人の所定の株式の譲渡所得のうち、事業譲渡類似課税の規定に該当する株式の譲渡は、日本の所得税法及び法人税法により課税となる。具体例として、日本国内にPEを有しない非居住者がその所有する当該内国法人の所定の株式を他に譲渡した場合等において生じる譲渡所得に課税することが国内法あるいは日本の締結した一部の租税条約に事業譲渡類似課税として規定されている。

2　租税条約の適用

　株式の譲渡所得は、租税条約においては、譲渡収益条項に居住地国課税として一般的に規定されていることから、国内法において課税する旨の規定を置いたとしても、租税条約が居住地国課税であれば、非居住者に日本における課税関係は生じないが、租税条約が事業譲渡類似課税の規定を置いている場合あるいは譲渡収益の源泉地国課税を規定している場合、若しくは日本と租税条約を締結していない国等の居住者の場合は、国内法の適用により課税関係が生じることになる。

　日本と締結している租税条約において事業譲渡類似課税の規定のあるものとしては、フィジー、韓国との間の租税条約がある。

3　国内法の適用

　事業譲渡類似課税に係る規定は所得税法（所161①三、④⑤⑥⑦、所令281①四ロ）及び法人税法（法138①三、法令178①四ロ、④⑤⑥⑦）に規定がある。

⑴　事業譲渡類似の規定

　法人税法施行令第178条第1項第4号ロには、「内国法人の特殊関係株主

等である外国法人が行うその内国法人の株式等の譲渡による所得」と規定されており、所定の内国法人の株式の譲渡所得についてその譲渡場所等にかかわらず日本において課税となる旨の規定である。

(2) 特殊関係株主等

法令にある内国法人の「特殊関係株主等」とは、次に掲げる者をいう（所令281④、法令178④）。

① その内国法人の一の株主等

② 上記一の株主等と法人税法施行令第4条（同族関係者の範囲）に規定する特殊の関係その他これに準ずる関係のある者

③ 上記一の株主等が締結している組合契約（その組合が締結している組合契約を含む。）に係る組合財産たるその内国法人の株式等につき、その株主等に該当することとなる者（①②に掲げる者を除く。）

(3) 事業譲渡類似課税となる要件

事業譲渡類似課税となる要件は、次のとおりである（法令178⑥）。

① 株式等の譲渡以前3年以内のいずれかの時において、内国法人の特殊関係株主等が内国法人の発行済株式等の25%以上を保有していたこと（所有要件）

② 株式等を譲渡した事業年度において、外国法人を含む内国法人の特殊関係株主等が内国法人の発行済株式等の総数の5％以上を譲渡したこと（譲渡株数要件）

（3）事例（6-2）個人非居住者が株式等を譲渡した場合の課税関係

（事例）

日本にPEを有しない非居住者が日本の株式等を譲渡した場合の課税関係はどうなるのか。

個人非居住者が株式を譲渡した場合に課税となるのは以下の場合である。

昭和63年の原則課税改正以降、個人の株式譲渡に対する課税は、昭和63年改正前まで原則非課税であったが、昭和63年の税制改正により原則課税となり、課税方法としては申告分離課税と源泉分離課税が採用された。しかし、国内にPEを有しない非居住者の場合、次に掲げる所得を除いて課税はされない（所161①三、所令281）。

① 同一銘柄の内国法人の株券等の買集め等による所得

② 事業等の譲渡に類似する内国法人の株券等による所得

③ 税制適格ストックオプションの権利行使により取得した特定株式等の譲渡による所得

④ 不動産関連法人の一定の株式の譲渡による所得

⑤ 非居住者が国内に滞在する間に行う国内にある資産（株式）の譲渡による所得

⑥ 国内にあるゴルフ会員権等の譲渡による所得

以下、事業譲渡類似等すでに解説したものを除いて解説する。

1　平成13年度改正の源泉分離課税廃止後の課税

(1) 居住者による株式等の譲渡に対する課税

この場合の株式等の譲渡は20％（現行20.315％）の税率による申告分離課税が適用となる。

(2) 特定口座による取扱い

源泉分離課税が廃止されたことに伴い、申告分離課税になじみのない個人投資家への配慮という観点から、証券会社に開設した特定口座を通じて行う上場株式等の譲渡に係る所得金額の計算の特例が創設され、上場株式等の譲渡による所得については、他の株式等の譲渡による所得区分して計算することになると共に（措法37の11の3）、特定口座における源泉徴収

が行われるようになった（措法37の11の４）。

(3) 日本にPEを有しない非居住者に対するストックオプションの課税

　イ　適格ストックオプションの場合

　　　適格ストックオプションの場合、それを行使した時の経済的利益は
　　非課税であるが、この場合、非居住者の課税は居住者と同様に非課税
　　となる（措法29の２）。

　ロ　非適格ストックオプションの場合

　　　この場合は、ストックオプションが付与され、それを行使した場合
　　の経済的利益を給与所得として課税となることから、非居住者の場合、
　　付与時から行使時までの間に国内勤務の期間があれば、この期間に対
　　応する部分を国内源泉所得として課税になる。

2　平成17年度改正（不動産関連法人株式等の譲渡課税等）

　非居住者が、国内にPEを有しているか否かにかかわらず、総資産に占め
る国内にある不動産（土地等、建物その他の一定の資産）の割合が50％超の
法人の発行する所定の株式等又は国内にある不動産を主たる信託財産（信託
財産の価額の総額の50％以上）とする特定信託の所定の受益権の譲渡によっ
て生じる所得を申告納税の対象となる国内源泉所得とする内容の改正が行わ
れた（所令281①五）。なお、この改正は、平成16年３月に発効した日米租税
条約第13条（譲渡収益）第２項において、同様の規定がある。この規定の始
まりは、米国が1980年に外国人不動産投資税法として創設したもので、本改
正は、この日米租税条約改正に伴い国内法の整備を図ったものである。

　また、事業譲渡類似株式の譲渡益課税に係る改正も行われ、国内に恒久的
施設を有しない非居住者が民法組合等を通じて内国法人の株式を大量に取得
し、譲渡したとしても、事業譲渡類似株式の譲渡益課税の要件を満たさない
場合も生じたことから、特殊関係株主等の範囲に係る改正が行われた。

（4）事例（6－3）米国から帰国した個人の上場株式等に係る繰越損失の適用の可否

（事例）

　長期の米国勤務を終えて日本に帰国した個人N（日本国籍）が1月に帰国したが、その前年に米国国債の譲渡で損失を被っている。帰国した年の日本の上場株式では、譲渡益が生じている。このような場合、上場株式等に係る譲渡損失の損益通算及び繰越控除は利用可能か。

結論

　事例の場合、Nは米国居住者（日本非居住者）であることから、上場株式等に係る譲渡損失の損益通算及び繰越控除は適用できない。

解説

　事例のNの帰国後の居住形態は永住者である。

1　上場株式等の譲渡所得等の課税の特例

　居住者又はPEを有する非居住者が、平成28年1月1日以後に上場株式等の譲渡をした場合、当該上場株式等の譲渡による事業所得、譲渡所得及び雑所得については、他の所得と区分し、上場株式等に係る譲渡所得等の金額に対し、上場株式等に係る課税譲渡所得等の金額の15％に相当する金額に相当する所得税を課される（措法37の11）。所得税以外に、地方税5％と復興所得税を加えて20.315％の税率になる。

2　上場株式等に係る譲渡損失の損益通算及び繰越控除

　上場株式等を金融商品取引業者等を通じて売却したこと等により生じた損失がある場合、確定申告により、その年分の上場株式等の配当等に係る利子所得の金額及び配当所得の金額（上場株式等に係る配当所得については、申告分離課税を選択したものに限る。）と損益通算が認められている。さらに、

損益通算してもなお控除しきれない損失の金額については、翌年以後３年間にわたり、確定申告により上場株式等に係る譲渡所得等の金額及び上場株式等に係る配当所得等の金額から繰越控除することができる。

　この場合、上場株式等に係る譲渡損失の金額について、一般株式等に係る譲渡所得等の金額から控除することはできない。上場株式等に係る譲渡損失の繰越控除について、最初に上場株式等に係る譲渡所得等の金額から控除し、なお控除しきれない損失の金額があるときは、上場株式等に係る配当所得等の金額から控除する（措法37の12の２）。

3　上場株式等の範囲

　上場株式等の範囲には、上場株式、上場投資信託の受益権、上場不動産投資法人の投資口、公募株式等証券投資信託の受益、公募公社債投資信託の受益権、国債、地方債、外国国債、公募公社債等が含まれる。

（5）事例（6－4）韓国居住者が韓国法人株を日本において譲渡した場合の課税関係

（事例）

　韓国居住者が韓国法人株を日本滞在している間に譲渡した場合、日本及び韓国における課税関係はどうなるのか。

結論

　日本の国内法では、非居住者が国内に滞在する間に行う国内にある資産（株式）の譲渡による所得（所令281①八）により課税になるが、日韓租税条約におけるキャピタルゲイン条項（第13条）第６項において居住地国課税となり、日本において課税関係は生じない。

7 給与所得

（1）理解のポイント

イ　所得源泉ルール

給与所得の課税における注意点は、次の概念を混同しないことである。

国内源泉所得	国内において勤務した日数に対応する金額
国外源泉所得	国外において勤務した日数に対応する金額

国内払い	国内で支払事務が取り扱われたと認められるものについては源泉徴収の対象になる。
国外払い	国外で支払事務が取り扱われたと認められるものについては源泉徴収の対象にならない。

上記に掲げた概念で誤りやすい例には次のものがある。

① 国内源泉所得＝国内払い

② 国外払いは源泉徴収の対象にならないことから、日本では課税なし

③ 給与所得の確定申告は、年間収入が2,000万円を超える場合や、副収入が年間20万円以上ある場合という固定観念にとらわれない。

上記①について、国内払い給与であっても、給与所得者が年の3分の1を国外で勤務していれば、国外勤務日数に相当する給与は、国外源泉所得になることから、①は誤りである。

上記②について、国外払いであっても、国内勤務に相当する給与は国内源泉所得として、日本で課税になる。この場合は、確定申告により納税する。

上記③については、国外払い給与は、源泉徴収されないことから、確定申告を行うことになる。

ロ　国外払い給与の課税方法

国外払い給与について注意すべき点には、以下のものがある。

① 外貨からの円換算

②　国内源泉所得の金額の算定（日数按分）

③　非永住者課税の送金課税

④　基本給以外に手当がある場合の課税関係

⑤　ホームリーブ等の取扱い

　上記①は、所得税法第57条の3及び関連する所得税基本通達57の3－2によることになる。

　上記②は、所得税基本通達161－41（勤務等が国内及び国外の双方にわたって行われた場合の国内源泉所得の計算）に基づいて計算する。

　上記③は、給与所得者が非永住者であることが前提で、国外源泉所得の内から送金がある場合、日本における課税所得の計算が複雑になる。

　上記④は、基本給以外に各種の手当が加算されて給与として支給されている。海外勤務の場合、基本給が増加するのではなく、本国に勤務していた時と同様の状況を確保することが基本になる。海外手当の金額が増加すると、当然、勤務地における税額が増加することになるので、租税手当等も支給される。

　手当以外に、外国人社員の住居に関して、会社が借り上げる社宅としている場合の法定家賃の計算等の課税関係も生じることになる。

　上記⑤は、外国人社員が会社の費用負担で年に一度本国に里帰りすることをホームリーブという。この費用を課税対象とするのかどうかという点で、あえて課税しないことになっている。ただし、ホームリーブと称して第三国への旅行の場合は課税となる。

（2）事例（7－1）海外の現地法人に社宅を有する内国法人及び出向者に係る課税関係

（事例）

　内国法人甲社は、海外に完全子法人S社を所有している。また、S社の所在地国には、甲社所有の社宅があり、甲社からの出向社員がその社宅を無償で利用している。甲社は、S社から家賃相当額を受領している。

　法人税基本通達 9 - 2 - 47（出向者に対する給与の較差補填）では、以下のように規定されている。

　「出向元法人が出向先法人との給与条件の較差を補填するため出向者に対して支給した給与の額（出向先法人を経て支給した金額を含む。）は、当該出向元法人の損金の額に算入する。

（注）　出向元法人が出向者に対して支給する次の金額は、いずれも給与条件の較差を補填するために支給したものとする。

　1　出向先法人が経営不振等で出向者に賞与を支給することができないため出向元法人が当該出向者に対して支給する賞与の額

　2　出向先法人が海外にあるため出向元法人が支給するいわゆる留守宅手当の額」

　甲社が出向者に対してS社の所在地国において社宅を供与することは、上記の規定にある給与の較差補填に該当することになる。

　また、出向社員が受ける経済的利益については、出向社員の居住形態が非居住者で、かつその所得が国外源泉所得であることから、日本における課税はない。

8　短期滞在者免税

（1）理解のポイント

イ　3要件の説明

　租税条約の給与所得条項第1項は、給与所得者の役務提供地で課税となることが規定され、第2項は、第1項の例外規定であり、役務提供地で免税となる要件である短期滞在者免税の規定である。この第2項においては、短期滞在者免税を受けるための3つの要件が定められている。この短期滞在者免税は、人的交流を促進する観点から、一定要件を充たす給与所得者について、

源泉地国においてその課税を免除するための規定である。

第1は、183日ルールであり、次項で説明する。

第2の要件は、給与を支払う雇用者が、勤務が実際に行われている国の居住者でないことである。例えば、日本に1か月滞在する条約相手国の居住者が、内国法人から給与を受け取る場合、この規定により短期滞在者免税の適用はないことになる。

第3の要件は、雇用者が勤務の行われる国に恒久的施設又は固定的施設を有する場合、その報酬が恒久的施設又は固定的施設に負担されないことである（2017年OECDモデル租税条約第15条コメンタリー・パラ7）。この規定は、源泉地国の給与の支払者において経費として控除することと、その給与受領者の免税という事態になることを回避するための規定である。

2006年制定の米国モデル租税条約の技術的説明（US Model Technical Explanation Art.14 para.2）では、米国における課税の場合、例えば、外国法人の米国子会社に勤務する社員の給与が当該外国法人において支払われ、当該米国子会社がその金額を当該外国法人に払戻しを行うときは、第2の要件の適用により米国において免税とはならないことを説明している。また、この例が、米国子会社ではなく、米国支店である場合、第3の要件により米国において免税とならない。

ロ　短期滞在者免税規定の検討

(イ)　183日ルール

すでに掲げたOECDモデル租税条約の規定のように、短期滞在者免税における183日という日数の計算方法等について、租税条約あるいはそれに付随する交換公文等には、その定めはない。したがって、現行の租税条約の適用においては、課税を行う源泉地国における国内法の取扱いによりその計算を行うことになるが、条約相手国とその計算方法が同一かどうかという問題が生じる。問題は、源泉地国における課税の問題としての租税条約の解釈であり、もう一点は、居住地国における外国税額控除の計算における国外所得の算定において、国外滞在日数により国外所得を按分計算す

る際に生じる問題である。

　この日数計算は、納税者が物理的に源泉地国に滞在する課税年度における日数という方式（以下「物理的滞在日数方式」という。）であることから、休日となる日もカウントされることになる。

（ロ）第2要件の検討

　第2要件を満たさない例としては、例えば、条約相手国の居住者が、来日して183日を超えない期間、日本の会社に雇用されて勤務する場合、当該要件を充足しないことになり、日本における短期滞在者免税の適用はないことになる。

（ハ）第3要件の検討

　この第3の要件は、条約相手国の居住者が、他方の国に恒久的施設を有する場合、雇用者から支払われる給与等が、これらの恒久的施設により負担されないことである。この要件の趣旨は、外国法人の支店等がその報酬を損金算入し、個人の課税では、短期滞在者免税を受けるということを防止することである。

　また、これらの給与等の金額が、本店配賦経費として処理され、当該恒久的施設に配賦される場合、この本店配賦経費は、当該恒久的施設において損金算入されることになるが、このような場合、当該恒久的施設が給与等を負担したとは解されていない。その理由は、当該負担が、本支店の共通経費として配賦されるものであり、当該恒久的施設がその個人の給与等について、給与等として負担していることにはならないという解釈である。

（2）事例（8－1）短期滞在者免税の判定とその課税関係

（事例）

　短期滞在者免税における183日ルールの判定について、会社員Aの日本滞在期間及び判定方法は以下のとおりである。

①　X年7月1日（開始）〜X年10月31日：この期間の滞在日数合計
　　40日

② X年11月１日～X年12月31日：この期間の滞在日数合計50日

③ Ｘ１年１月１日～Ｘ１年６月30日：この期間の滞在日数合計50日

④ Ｘ１年７月１日～Ｘ１年10月31日（終了）：この期間の滞在日数
合計90日

（判定）

183日ルールの規定は、「当該課税年度又は賦課年度において開始し、
又は終了するいずれの12か月の期間」となっていることから、この規
定にAの滞在期間を当てはめてみると次のようになる。

○ 開始する12か月の期間：X年７月１日～Ｘ１年６月30日

○ 終了する12か月の期間：X年11月１日～Ｘ１年10月31日

183日ルールの判定は、この上記２つの期間のいずれかの期間に基づ
いて判定することになる。上記では、開始する12か月の期間は、上記
の①＋②＋③＝140日、終了する12か月の期間は、②＋③＋④＝190日、
である。この結果、Aは、租税条約の短期滞在者免税の適用を受けるこ
とができないことになり、日本において課税となると考えてよいか。

結論

多くの租税条約の給与所得条項には、短期滞在者免税の規定があり、183
日ルールが定められているが、その規定は以下のとおりである。

「当該課税年度において開始又は終了するいずれの12か月の期間において
も、報酬の受領者が当該他方の締約国内に滞在する期間が合計183日を超え
ないこと。」

古い条約の規定は、同一暦年に183日を超えないと規定されていたが、こ
の規定によると、連続する暦年において、初年度に100日、続く年度に90日
滞在しても、１暦年で183日を超えていないことから、短期滞在者免税の要
件を満たすことになる。

上で引用した新しい規定では、滞在を開始する日から12か月、滞在を終了
する日から遡って12か月の期間で183日の判定をする。

問題は、個人の場合の暦年課税との矛盾である。例えば、ある年の６月か

ら遡って前年の7月を12か月として183日を判定し、これを超えていると判定した場合、前年の7月より前の3月に滞在がある場合、所得金額の算定における日数に3月分を含めるのかという問題が生じることになるが、結論からすると、3月分を含めて計算することになる。

(3) 事例(8-2)短期滞在者免税の要件を超えて滞在する非居住者の納税地

(事例)

　シンガポール法人に勤務する社員Qは、以前、内国法人に勤務していたが、その内国法人を退社して、シンガポールに移住してそちらに居住することになった。Qは、日本に出張をして、その合計日数が12か月のうち200日になる。Qは、日本ではシンガポール法人の契約したマンションで生活をしている。この場合の納税地はどこになるか。なお、シンガポール法人は日本にPEを保有していない。

結論

滞在時の居所であるマンションのあるシンガポールが納税地となる。

解説

　日本・シンガポール租税条約の183日ルールは、いずれかの12か月に183日を超えないという規定である。

　Qは、シンガポール法人から給与を支払われている。したがって、200日に相当する給与所得について、日本で課税になる。なお、この場合は、183日を超える部分ではなく、200日分に相当する全部が課税となる。

　納税地に関する所得税法の規定は次のとおりである（所15）。

　　所得税の納税地は、納税義務者が次の各号に掲げる場合のいずれに該当するかに応じ当該各号に定める場所とする。

> 一　国内に住所を有する場合　その住所地
> 二　国内に住所を有せず、居所を有する場合　その居所地（以下略）

（4）事例（8－3）外国からの出張者に係る費用の日本支店への付替え

（事例）

　日本と租税条約を締結している国に所在する法人の社員Rが日本支店に出張して業務を3か月間行った。同社員帰国後に、本店から日本出張に係る費用が支店に付け替えられた。この場合、Rは日本において、短期滞在者免税の適用を受けることができるのか。

結論

　租税条約に定めのある短期滞在者免税の第3要件は、条約相手国の居住者が、他方の国に恒久的施設を有する場合、雇用者から支払われる給与等が、これらの恒久的施設により負担されないことである。付替え費用がRの給与のみであれば、第3要件を満たすことができず日本で課税になるが、支店への付替え費用の内容が特定化されていないのであれば、第3要件を満たすと考えるべきである。

（5）事例（8－4）長期出張者の利用した米国における借上住宅について課税があった場合の課税関係

（事例）

　内国法人の社員Tは、同社の米国支店に5か月間出張をした。その間、支店の借上住宅を利用した。Tは、日本において法定家賃相当額を支払ったが、Tの帰国後、米国の税務当局から日米租税条約における短期滞在者免税の要件を満たさないということで課税処分を受けた。

結論

1　米国税務当局の課税の理由

　米国には、日本と異なり、法定家賃という取扱いはない。住宅手当は給与として課税される。短期滞在者免税の第3要件が満たされず、米国の恒久的施設によりTの給与が負担されたと考えるのである。

2　日本における外国税額控除の適否

　Tの給与は、内国法人から支払われている。また、Tは法定家賃に相当する額を支払っている。したがって、Tの日本における課税では、米国の借上住宅の家賃は課税されない。要するに、日米間の二重課税はなく国外所得もない。米国において納付した税額について、Tに他に国外所得が生じない限り控除することはできないことになる。

9 役員

（1）理解のポイント　（内国法人の役員の所得源泉ルール）

　給与等の人的役務提供所得の所得源泉ルールは、その役務提供地に所得源泉があるとするのが原則である。しかし、所得税法第161条（国内源泉所得）第1項第12号イでは、「俸給、給料、賃金、歳費、賞与又はこれらの性質を有する給与その他人的役務の提供に対する報酬のうち、国内において行う勤務その他の人的役務の提供（内国法人の役員として国外において行う勤務その他の政令で定める人的役務の提供を含む。）に基因するもの」は、国内源泉所得と規定されている。

　さらに、上記の条文の括弧書きの部分について、所得税法施行令第285条第1項の規定では、所得税法第161条第1項第12号イに規定する政令で定める人的役務の提供は、「内国法人の役員としての勤務で国外において行うもの（当該役員としての勤務を行う者が同時にその内国法人の使用人として常時勤務を行う場合の当該役員としての勤務を除く。）」と規定されている。

　すなわち、役員としての勤務を行う者が同時にその内国法人の使用人として常時勤務を行う場合の当該役員は、その役務提供地に所得源泉地があることになる。この場合、「内国法人の使用人として常時勤務を行う場合」については、所得税基本通達161−42において、所得税法施行令第285条第１項第１号括弧内に規定する「内国法人の使用人として常時勤務を行う場合」とは、「内国法人の役員が内国法人の海外にある支店の長として常時その支店に勤務するような場合をいい、例えば、非居住者である内国法人の役員が、その内国法人の非常勤役員として海外において情報の提供、商取引の側面的援助等を行っているにすぎない場合は、これに該当しないことに留意する。」と規定されている。

（2）事例（9−1）改正第３次日米租税条約の役員規定

（事例）

　令和元年８月に発効した改正第３次日米租税条約では、役員条項が改正されたことになっているが、その内容はどのようなものか。

結論

日米租税条約の沿革は次のとおりである。

原条約	昭和29年４月16日署名	昭和30年４月１日発効
第２次条約	昭和46年３月８日署名	昭和47年７月９日発効
第３次条約	平成15年11月６日署名	平成16年３月30日発効
一部修正	平成25年１月24日署名	令和元年８月30日発効

　第３次日米租税条約の第15条（役員報酬）の規定は以下のとおりである（下線筆者）。

　一方の締約国の居住者が他方の締約国の居住者である法人の役員の資格で取得する役員報酬その他これに類する支払金に対しては、当該他方の締約国において租税を課することができる。

平成25年署名の改正第３次日米租税条約における第15条の規定は以下のとおりである（下線筆者）。

> 　一方の締約国の居住者が他方の締約国の居住者である法人の<u>取締役会の構成員の資格</u>で取得する報酬その他これに類する支払金に対しては、当該他方の締約国において租税を課することができる。

上記の規定の改正は、租税条約の正文である英文が改正されたかのような印象を与えるが、第15条の英文は以下のとおりで、改正議定書による改正はない。

> Directors' fees and other similar payments derived by a resident of a Contracting State in his capacity as a member of the board of directors of a company which is a resident of the other Contracting State may be taxed in that other Contracting State.

このような訳文の訂正を行った背景は、日米間における役員に対する理解の相違が生じたからである。この改正は日本側の事情によるもので、米国側は条約正文に変更がないことから、影響はないものと思われる。

（3）事例（9－2）海外支店に勤務する内国法人役員に対する課税

（事例）
　内国法人甲社の役員であるUは、ロンドン支店に３年間勤務しており、給与は甲社から支払われている。内国法人乙社の役員であるVは、パリ支店に２年間勤務しており、給与はパリ支店から支払われている。また、Uは、昨年約１月間日本に帰国して、日本において勤務した。UとVの課税上の相違とUの一時帰国についての課税関係はどうなるのか。

結論
　UとVは、前出の理解のポイントで記述した所得税基本通達161－42に該当

するが、いずれも勤務地で所得を取得したことになる。また、法人税法上では、使用人兼務役員に該当する。また、UとVの給与は、その支払方法が異なっても、いずれも国外源泉所得になる。

内国法人がUの給与を支払っている場合であれば、Uは英国居住者として日英租税条約の適用を受ける。Uの帰国中の日本勤務期間に対応する給与は、国内源泉所得になり、日英租税条約に規定する短期滞在者免税の適用の可否が問題となる。Uの給与は、内国法人から支払われていることから、短期滞在者免税の第2要件の規定に反して短期滞在者免税の適用がないことになり、Uの一次帰国分に対応する給与は日本で課税となる。

（4）事例（9−3）外国法人の役員が日本において6か月を超えて勤務する場合

（事例）

外国法人の役員であるWは、年間6か月を超えて日本支店で勤務している。Wの給与は当該外国法人から支払われているが、日本において課税関係が生じるのか。

結論

内国法人の役員の国外において行う勤務に基因するものは国内源泉所得である。この規定の反対解釈として、外国法人の役員の日本において行う勤務に基因するものは国外源泉所得にはならない。仮に、外国法人の役員に対して、異なる所得源泉ルールとして、仮に、日本における役務提供も国外源泉所得が適用されるのであれば、短期滞在者免税の適用はないことになるが、そのようなことはない。

（5）事例（9－4）内国法人の役員の国外勤務に係る外国税額控除の適用

（事例）

日本居住者である内国法人の役員Yがオーストラリアに業務で200日間滞在し、課税を受けた。この場合の外国税額控除の適用はどうなるか。

結論

1　日豪租税条約の所得源泉規定（第22条）

日豪租税条約第22条第2項には、以下のような規定がある。

「一方の締約国の居住者が取得する所得、利得又は収益であって、第6条から第8条まで、第10条から第18条まで及び第20条の規定に基づき他方の締約国において租税を課することができるものは、第25条の規定及び当該一方の締約国の租税に関する法令の適用上、当該他方の締約国内の源泉から生じたものとされる。」

すなわち、日豪租税条約第14条（給与所得）に基づいて豪州で課税を受けた場合、豪州源泉所得となる。

2　外国税額控除適用の可否

事例のYの場合は外国税額控除の適用を受けることになる。

10　退職金

（1）理解のポイント

イ　非居住者への退職金の課税

居住者は、退職所得として退職所得控除等を行い計算するが、非居住者の場合は、所得税法第161条（国内源泉所得）第1項第12号イでは、「俸給、給料、賃金、歳費、賞与又はこれらの性質を有する給与その他人的役務の提供

に対する報酬のうち、国内において行う勤務その他の人的役務の提供（内国法人の役員として国外において行う勤務その他の政令で定める人的役務の提供を含む。）に基因するもの」として、給与所得と同様の規定が適用になる。すなわち、国内の勤務に対応する金額が国内源泉所得と規定されている。

　非居住者は、国内の勤務に対応する金額に対して源泉徴収課税（20.42％）が行われる。

ロ　収入確定の時期

　所得税基本通達36－10によれば、退職所得の収入金額の収入すべき時期は、原則、その支給の基因となった退職の日である。役員の場合は、その支給について株主総会その他正当な権限を有する機関の決議を要するものについては、その役員の退職後その決議があった日となる。ただし、その決議が退職手当等を支給することだけを定めるにとどまり、具体的な支給金額を定めていない場合には、その金額が具体的に定められた日となる。

ハ　居住者と非居住者の判定時期

　退職金の収入確定時期により、居住者あるいは非居住者の判定が行われる。

ニ　非居住者の選択課税

　非居住者の源泉徴収課税が居住者と比較して過大となることから、退職時に非居住者であったために税負担が増加するという不合理を回避するために、「退職所得についての選択課税」（所171）が規定されている。

　すなわち、退職手当等について、その支払の基因となった退職を事由としてその年中に支払を受ける退職手当等の総額を居住者として受けたものとみなして、これに第30条（退職所得）及び第89条（税率）の規定を適用するものとした場合の税額に相当する金額により所得税を課されることを選択することができることが規定されている。

ホ　選択課税の手続

　居住者については、支払法人に「退職所得の受給に関する申告書」を提出することで課税関係は終了する（所121②）。非居住者は、源泉徴収された税額の還付を受けるために、その年の翌年1月1日（同日前に同条に規定する退職手当等の総額が確定した場合には、その確定した日）以後に、税務署長に対し、所定の事項を記載した申告書を提出することができる（所173）。

ヘ　特定役員退職手当等（所30②⑤）

　役員としての勤続年数が5年以下の者である特定役員等が、その役員等勤続年数に対応する退職手当等として支払を受けるもの(特定役員退職手当等)については、この残額の2分の1とする措置は適用されない。この特定役員等とは、役員等勤続年数が5年以下である者をいうが、この「役員等」とは、次に掲げる者をいう。

①　法人の取締役、執行役、会計参与、監査役、理事、監事、清算人や法人の経営に従事している者で一定の者

②　国会議員や地方公共団体の議会の議員

③　国家公務員や地方公務員

（2）事例（10-1）退職金が源泉徴収されない場合

（事例）

　内国法人社員が、外国子会社に出向中に退職して退職金の支給を受けた場合、源泉徴収されないが、どのようにするのか。

結論

　退職者が居住者としての勤務期間を有しながら、非居住者の時期に退職する場合、外国子会社が国内に事務所、事業所その他これに準ずるものを有していないと所得税法第212条第2項の規定は適用されないため、退職金の支給を受けた翌年の3月15日までに申告書を提出して納税することになる。

　退職所得の選択課税は源泉徴収された税額の還付手続であり、次の順序によって行う（所172）。

① 　退職金等の総額

② 　選択課税による税額

③ 　源泉徴収された税額（この場合は０）

④ 　②から③を控除した金額（この場合は②の金額）

⑤ 　選択課税に係る税額の計算の基礎（退職所得控除金額）

11 コンサルタント

（1）理解のポイント

イ　租税条約の規定

　国連モデル租税条約には、自由職業所得条項（同モデル租税条約第14条）の他に、PE概念の拡大という位置づけで第５条（PE条項）第３項がある。

　第３項（a）は、建設PEに係る規定であり、同項（b）はコンサルタントに係る規定である。

（a）建築工事現場若しくは建設、組立て若しくは据付けの工事又はこれらに関連する監督活動であって、その現場、工事又は活動が６か月を超える期間存続するもの

（b）企業が行う役務の提供（コンサルタントの役務提供を含む。）であって、使用人及びその他の職員（当該役務提供のために採用されたものに限る。）を通じて行われるもの。ただし、このような活動が当該課税年度において開始し、又は終了するいずれかの12か月の期間において合計183日を超える期間、一方の締約国内において行われた場合に限る。

　例えば、日米租税条約第５条第３項の建設PEに係る規定は次のとおり。

> 　建築工事現場、建設若しくは据付けの工事又は天然資源の探査のために使用される設備、掘削機器若しくは掘削船については、これらの工事現場、工事又は探査が12か月を超える期間存続する場合には、恒久的施設を構成するものとする。

　国連モデル租税条約の規定は、日米租税条約の同種の規定と比較しても、日米租税条約にはない「組立て」「監督活動」を含んでいる。しかも、同モデル租税条約は、同じ項の（ｂ）で2011年改正において創設されたコンサルタントを規定している。

　この場合、建設工事に係る「監督活動」は、例えば、日本の建設会社がアジアの国で建設工事を行うとした場合、一般的に、実際の工事を行うのは大手建設会社（いわゆるゼネコン）の下請会社であり、これらを監督するのがゼネコンである。

　そして、建設PE に工事監督活動を規定している租税条約は、その多くが途上国との租税条約であり、コンサルタントに係る規定も同様に、途上国との租税条約に多いのが特徴である。しかし、租税条約における規定上では、コンサルタントに係る規定は、建設工事の監督活動の外縁部分にあり、課税要件確保のために所定の要件を満たす場合、PEに含める措置をとったものと理解できる。

　日本が締結している租税条約例として、対ノルウェー租税条約第5条第3項の規定は次のとおりである。

> 　建物工事現場若しくは建設、組立て若しくは据付けの工事又はこれらに関連する監督若しくはコンサルタントの活動は、12か月をこえる期間存続する場合に限り、「恒久的施設」とする。

　日本が締結している租税条約において、建設工事監督とコンサルタントの双方を規定している条約例としては、インドネシア、サウジアラビア、タイ、中国、トルコ、ノルウェー、フィリピン、ベトナムがある。特に条文を分け

ていない上記の対ノルウェー租税条約のように、建設工事のコンサルタント
と誤解される恐れがある規定があるが、本来は別々の規定といえる。上記の
日中租税条約の場合は、projectを「工事」と訳したことから、このような
理解が生じたものと思われる。日中租税条約第5条第3項と下記の同条約第
5条第5項は関連がなく、第5項のprojectは、「企画」あるいは「計画」等
と表記すれば、誤解が生じなかったものと思われる。

> （第5条第5項） 一方の締約国の企業が他方の締約国内において使用人
> その他の職員（7の規定が適用される独立の地位を有する代理人を除
> く。）を通じてコンサルタントの役務を提供する場合には、このような
> 活動が単一の工事又は複数の関連工事について12か月の間に合計6か
> 月を超える期間行われるときに限り、当該企業は、当該他方の締約国
> 内に「恒久的施設」を有するものとされる。

ロ　サービスPE

　PE概念自体は、支店、事務所等の物理的施設を想定した概念であるが、
これに対して、人的役務提供所得に係るPE概念（以下「サービスPE」という。）
は、所定の要件を満たす場合にPEに含めることとされ、本来のPE概念から
発展した拡大型のPEといえる。

　サービスPEは、従来型のコンサルタントの規定が建設PEに近く規定され
ていたことと比較して、独立した規定になっている点で、従来型とは一線を
画すものがあるが、その属性においては、従来型のPEではなく、PE概念の
拡大部分に位置するものといえる。

　日本・ニュージーランド改正租税条約は、第5条のPE条項の第5項にお
いて、日本の租税条約としては初めてこのサービスPEの概念を導入し、先
例となる米加租税条約第5議定書第3条第2項と同様の規定を設けたのであ
る。

　デジタル課税の進展との関係で、従来のPE概念ではなく、ネクサス原則
に基づいて市場国における課税権を認める動きが出てきたが、その前段階

として、伝統的PE概念➡サービスPEという形で、PE概念自体が拡張するとともに、PE概念の拡張では対応できない事態が生じたということである。OECDにおけるネクサス原則では、一定の所得がある場合、その市場国にネクサスがあるとして、PEがなくても市場国に課税権を与えるというものである。

（2）事例（11－1）人的役務提供事業の課税関係

(事例)

米国法人は、コンピュータ関係の技術者2名を内国法人に3か月の予定で派遣した。内国法人は、派遣の対価として2,000万円を米国法人に支払った。この場合、米国法人に対する日本における課税と、派遣した技術者への米国法人からの報酬の課税はどうなるのか。なお、当該米国法人は日本にPEを有していない。

結論

米国法人は、源泉徴収された税額が還付され、派遣された技術者は、短期滞在者免税の適用を受けることになる。

解説

1　人的役務提供事業への課税

人的役務提供に関しては、例として、コンサルタント派遣会社（事例の米国法人）と派遣されるコンサルタント（事例の2名の技術者）とすると、コンサルタント派遣会社は、人的役務提供事業に該当する。

国内法の規定は以下のとおりである（法138①四）。

> 四　国内において人的役務の提供を主たる内容とする事業で政令で定めるものを行う法人が受ける当該人的役務の提供に係る対価

上記の政令で定めるものは以下のとおりである（法令179）。

　法第138条第1項第4号（国内源泉所得）に規定する政令で定める事業は、次に掲げる事業とする。
一　映画若しくは演劇の俳優、音楽家その他の芸能人又は職業運動家の役務の提供を主たる内容とする事業
二　弁護士、公認会計士、建築士その他の自由職業者の役務の提供を主たる内容とする事業
三　科学技術、経営管理その他の分野に関する専門的知識又は特別の技能を有する者の当該知識又は技能を活用して行う役務の提供を主たる内容とする事業（機械設備の販売その他事業を行う者の主たる業務に付随して行われる場合における当該事業及び法第2条第12号の19ロ（定義）に規定する建設又は据付けの工事の指揮監督の役務の提供を主たる内容とする事業を除く。）

　事例にある技術者の派遣は、上記の施行令第3号の規定に該当する。内国法人から米国法人に対する支払は、20.42％の源泉徴収となる（所212、213、復興財源確保法28②）。

　事例の米国法人は、日米租税条約の適用となるが、租税条約上は日本にPEがないことから、日本における課税関係は生じないことになり、源泉徴収された税額は還付されることになる。また、派遣された技術者の給与も短期滞在者免税の適用を受けて課税はない。

12　芸能人・運動家等

（1）理解のポイント

イ　租税条約の他の条項との関連

　日米租税条約の芸能人・運動家等の条項（第16条）の規定は次のとおりで

ある。

> 1　一方の締約国の居住者である個人が演劇、映画、ラジオ若しくはテ
> レビジョンの俳優、音楽家その他の芸能人又は運動家として他方の締
> 約国内で行う個人的活動によって取得する所得（<u>第7条及び第14条の
> 規定に基づき当該他方の締約国において租税を免除される所得に限
> る。</u>）に対しては、当該他方の締約国において租税を課することがで
> きる。（以下略）（下線筆者）

　第7条は事業所得、第14条は給与所得の規定である。この芸能人・運動家
等の条項は、短期間の滞在で、高額の所得を取得する芸能人・運動家等に対
して、源泉地国の課税を認める規定である。したがって、その所得が事業所
得の性格を有していたとしても、「PEなければ課税なし」の原則の適用はな
いこと、そして、給与所得条項にある短期滞在者免税の適用もないことを規
定している。

　多くの租税条約の給与所得条項では、役務提供地国の滞在期間が183日以
下で、国外で支払われた給与は、短期滞在者免税という規定により役務提供
地国の課税が免除される。この課税方式を悪用したケースとして、来日した
芸能人は、その親族が経営する外国の芸能法人から給与を受け取る社員とし
て、租税条約に基づく短期滞在者免税の適用と、この芸能人を派遣した法人
については、日本に支店等の恒久的施設（PE）がないことから、いずれも
課税関係が生じないという租税回避問題が生じたことがある。

□　外国の免税芸能法人等に対する課税方式の改正

　芸能人・運動家等と支配関係のないエージェントである法人等が契約に介
在し、これらの運動家、芸能人の報酬が、このエージェントに支払われる場
合、日本における課税を担保するために、平成4年の税制改正において免税
芸能法人等に関する規定が整備された（措法41の22）。

　この免税芸能法人等に該当する要件は、①国内に居所や事務所、事業所等

を有しないこと、②その支払を受ける芸能人等の役務提供事業の対価が国内に有する恒久的施設に帰せられないこと、である。この規定の趣旨は、芸能人等に対する課税漏れを防止するためであり、その方法は次のとおりである。なお、日本の興行主をX社、免税芸能法人をY社、芸能人をZとした。

① 　X社は、Y社への支払の際に源泉徴収（A）をする。

② 　Y社は、自社の手数料分を差し引いた金額をZに支払うがその際に源泉徴収（B）をする。

③ 　Y社はX社の所轄税務署に対してBを納付し、Aの還付を受けるが、Aの金額をBに充当してその差額を納付することになり、Zに対する課税は終了したことになる。

　要するに、日本側としては、源泉徴収したAを担保として、Y社にZへの源泉徴収を間接的に強制することで、Zに対する課税を完了することになる。

（2）事例（12－1）運動家を招聘した場合の課税関係

（事例）

　内国法人は、日本で開催される競技会に、米国居住者Wとイタリア居住者Xの運動家を招聘した。報酬は、2週間10万ドルで、これらの報酬は、Wの場合はWの親族経営の法人に、Xの場合はイタリアの代理人となる法人に対して支払われる。これらの米国法人とイタリア法人は、日本にPEを有していない。この場合の課税関係はどうなるのか。

結論

　Wに対する報酬は、米国法人に支払われても日本で課税される。イタリア法人は、前出の外国の免税芸能法人等に対する課税方式の適用になる。

解説

1　日米租税条約第16条の適用

　日米租税条約第16条第2項は、芸能人等の個人的活動に基因する所得が所

得源泉地国以外の居住者である第三者（本例でいえば米国法人）に帰属する場合には、芸能人等の役務提供を行った所得源泉地国において課税することができると規定している。したがって、本事例の場合、Wに対する報酬は、米国法人に支払われても日本で課税される。

2　日伊租税条約の適用等

日伊租税条約第17条（芸能人条項）第2項において、芸能人等の役務が所得源泉地国において居住地国の企業により提供される場合、当該芸能人等が直接・間接に当該企業を支配しているときは、当該企業の取得する利得について所得源泉地国で課税できるという、いわゆるワンマンカンパニーの規定がある。

しかし、本事例の場合、Xはイタリア法人と資本関係がないことから、この上記の規定の適用はない。このような場合、Xに対する報酬に対する課税ができなくなることから、日本では、平成4年に免税芸能法人等に係る税制改正を行っている（措法41の22）。この免税芸能法人等の課税については、上記（1）ロで説明したとおりである。結果として、イタリア法人は、免税芸能法人等に該当することになり、その処理の過程は、以下のとおりである。

① 　内国法人はイタリア法人に支払う10万ドルの円貨相当額の15.315％を源泉徴収する。

② 　イタリア法人は、自社分の手数料を差し引いた金額をXに支払うが、その際、イタリア法人は20.42％の源泉徴収を行って、甲社の所轄税務署に納付する。

③ 　イタリア法人は甲社の所轄税務署に対して還付請求を行い、①の源泉徴収税額の還付を受ける。

④ 　②の納付に関して、③の還付金は上記①を充当することができる。

結果として、イタリア法人は、源泉徴収を受けた後に還付を受けることになり、日本で実質的に免税となり、Xは、イタリア法人により源泉徴収されることになる。

13 政府職員・学生等

（1）理解のポイント

イ 政府職員の課税の基本ルール

政府職員については、その勤務地が外国であっても、派遣した国に課税権がある。例えば、日本の公務員が外国で勤務していたとしても、その課税は日本で行われることになる。

以下は、その根拠規定である（所3）。

国家公務員又は地方公務員（これらのうち日本の国籍を有しない者その他政令で定める者を除く。）は、国内に住所を有しない期間についても国内に住所を有するものとみなして、この法律（第10条（障害者等の少額預金の利子所得等の非課税）、第15条（納税地）及び第16条（納税地の特例）を除く。）の規定を適用する。

2 前項に定めるもののほか、居住者及び非居住者の区分に関し、個人が国内に住所を有するかどうかの判定について必要な事項は、政令で定める。

ロ 学生等の課税の基本ルール

条約相手国の居住者又は日本への滞在直前に条約相手国の居住者であった学生又は事業修習者で、もっぱら教育又は訓練のために日本に滞在する場合、日本以外の国からの受ける生計、教育又は訓練のための給付については日本で免税となる。

ハ 滞在地国における一定金額以下の報酬が免税となる条約例

例えば、対アイルランド租税条約は1課税年度60万円、対インドネシア租税条約は年間60万円、対韓国租税条約は年間2万米ドル相当額、対フィリピン租税条約は、滞在期間1年以内であれば年間4,000米ドル、滞在期間5年

以内であれば年間1,500米ドル相当額、対ハンガリー租税条約は1課税年度60万円、対ルーマニア租税条約は1課税年度60万円である。なお、この免税とは控除金額のことではないので、例えば、60万円を免税点とする場合、61万円の所得であれば全額課税となり、差額の1万円は課税されない。

二　政府、教育団体等からの交付金、手当又は奨励金の免税となる条約例

対インドネシア租税条約、対韓国租税条約、対タイ租税条約及び対ハンガリー租税条約がこれらを免税としている。

ホ　中国からの留学生の場合

もっぱら教育を受けるため一方の締約国内に滞在する学生であって、現に他方の締約国の居住者である者、又はその滞在の直前に他方の締約国の居住者であった者がその生計、教育等のために受け取る給付又は所得については、滞在地国の租税が免除となる。

ヘ　ブラジルからの留学生の場合

基本的には、他の条約例と同様の規定であるが、ただし書で、滞在地国の租税が免除される別の要件として、滞在地国における人的役務に関して取得するものであって、継続する3年間を限度として、いずれの課税年度においても1,000米ドル相当額は課税免除となる。

（2）事例（13－1）国外で勤務する地方公務員の確定申告

（事例）

2年間の予定で海外勤務をする地方公務員は、居住者期間から不動産所得があり確定申告をしていた。海外勤務中の確定申告はどうなるのか。

結論

事例の地方公務員は、前出の所得税法第3条の規定により、海外勤務期間

中も日本に住所があるものとみなされるが、納税地については、この規定の適用はない。

以下は、適用となる納税地についての規定である（所15四、五）。

> 四　第１号又は第２号の規定により納税地を定められていた者が国内に住所及び居所を有しないこととなった場合において、その者がその有しないこととなった時に前号に規定する事業に係る事務所、事業所その他これらに準ずるものを有せず、かつ、その納税地とされていた場所にその者の親族その他その者と特殊の関係を有する者として政令で定める者が引き続き、又はその者に代わって居住しているとき。その納税地とされていた場所
> 五　前各号に掲げる場合を除き、第161条第１項第７号（国内源泉所得）に掲げる対価（船舶又は航空機の貸付けによるものを除く。）を受ける場合　当該対価に係る資産の所在地（その資産が二以上ある場合には、主たる資産の所在地）

したがって、海外勤務中留守宅がある場合は、上記第４号により留守宅の住所地、家族も海外に帯同する場合は、第５号により不動産所在地になる。なお、納税管理人の届出等については、テーマ「**19　納税管理人**」を参照のこと。

（3）事例（13−2）海外からの研修生の課税関係

(事例)
　内国法人は、中国とベトナムからの研修生を受け入れている。これらの研修生には日当程度を支給しているが、課税関係はどうなるのか。

結論

中国からの研修生は、日中租税条約第21条の規定により、日本における生

計、教育及び訓練のための必要な金額は課税にならない。また、ベトナムからの研修生は、日越租税条約第20条の規定により、日本以外の国から受ける生計、教育又は訓練のための給付のみが日本で免税となる。なお、ある程度の技能を有し、技術上の経験を習得する者である事業習得者は、技術、経験のない事業修習生とは異なる扱いになり、租税条約にその課税について規定がない場合、国内法が適用される。

14　年金

（1）理解のポイント

　給与所得者の場合、その役務の提供をした国に課税権があるとするのが課税原則であるが、給与所得者が退職後に受け取る年金等については、一般に、退職後の居住地国において課税することになっている。

（2）事例（14−1）日米双方の公的年金を受領する場合

（事例）

　日米双方で勤務経験のある日本居住者である個人は、退職後に、日本の厚生年金と米国の公的年金を受領している。この個人の日本における課税関係はどうなるのか。

結論

　この個人が受け取る日米双方の公的年金は、日本において課税となるが、所得税法第121条第3項の規定により、公的年金の収入金額が400万円以下で、それ以外の所得金額が20万円以下であれば、確定申告の必要はない。なお、企業年金の場合、日本は公的年金として扱うが、米国の企業年金は、日本の公的年金に該当しない。

解説

1　米国の公的年金制度

米国の公的年金制度であるOASDI（Old-Age, Survivors and Disability Insurance）は、老齢者、遺族及び障害者に対する保険である。この制度は、1935年制定の社会保険法により始まり、当時は、農業以外の被用者等が対象であったが、その後適用範囲が拡大して米国における勤労者の約96％がこの制度に加入している。年金の支給開始年齢は、生年月日に応じて65歳から67歳まで段階的に引き上げられる。なお、62歳まで繰上げが可能だが、支給される年金額は生涯にわたり減額される。

2　日米社会保障協定

日米間では、「社会保障に関する日本国とアメリカ合衆国との間の協定」（日米社会保障協定）が、平成17年10月1日に施行されている。

例えば、内国法人から米国子法人に出向した日本人社員の米国勤務期間が5年以内であれば、米国における公的年金の保険料の支払が免除されることになるが、5年を超えて長期にわたる米国勤務の場合は、この免除はない。

米国の年金制度の加入期間が1年6か月以上であり、かつ、日米双方の年金制度加入期間の通算が10年以上である場合、米国の年金制度から老齢年金を受け取ることができる。また、同時にこの者が日米両国の年金制度の加入期間が通算して25年以上である場合、日本の年金制度からも年金を受け取ることができる。

（3）事例（14－2）米国グリーンカードを保有する日本居住者が米国法人から企業年金を受け取る場合の課税関係

（事例）

日本国籍の個人Zは、長年米国に居住し米国法人に勤務していた。2年前に米国法人を退社して内国法人に転職し、現在は、内国法人からの給与と米国法人の企業年金を受け取っている。

結論

　Zの日本における居住形態は永住者である。内国法人からの給与所得と米国法人からの企業年金については、日米双方で課税となる。

解説

　グリーンカードは、米国の永住権を認める移民ビザの一種で、その所有者は、米国非居住者であっても、米国において全世界所得を申告する義務がある。米国法人の企業年金は、所得税法上の公的年金等に該当しないときは、その他の雑所得に区分される。

15　保険

（1）理解のポイント

イ　死亡保険金を受け取ったとき

（イ）課税関係表

　以下は、死亡保険金を受け取った時の課税関係である（国税庁ホームページ参照）。

死亡保険金の課税関係の表			
被保険者	保険料の負担者	保険金受取人	税金の種類
A	B	B	所得税
A	A	B	相続税
A	B	C	贈与税

（ロ）所得税が課税される場合

　所得税が課税されるのは、上記の表のように、保険料の負担者と保険金受取人とが同一人の場合である。この場合の死亡保険金は、受取の方法により、一時所得又は雑所得として課税される。

　i　死亡保険金を一時金で受領した場合

死亡保険金を一時金で受領した場合は、一時所得になる。所得の計算は、受け取った一時金の額から払込保険料と特別控除額（50万円）を差し引いた額に2分の1を乗じた金額である。

ⅱ 死亡保険金を年金で受領した場合

死亡保険金を年金で受領した場合は、公的年金等以外の雑所得に区分される。

□ 満期保険金等の課税

以下は、満期保険金等の課税関係である。

① 保険料の負担者と保険金受取人が同一人である場合…所得税の課税

② 保険料の負担者と保険金受取人が異なる場合…贈与税の課税

所得税の課税については、一時金で受け取る場合は一時所得、年金で受け取る場合は公的年金等以外の雑所得となる。

（2）事例（15−1）非居住者が受け取る生命保険の一時金の課税

（事例）

日本国籍で、現在米国居住者である個人が、日本の生命保険会社から自ら支払っていた生命保険の満期一時金を受け取った。この場合の日本における課税はどうなるのか。

結論

この個人の所得については、日米租税条約第21条（その他所得条項）の適用により、居住地国（米国）の課税となる。

解説

生命保険の一時金の課税について整理すると以下のとおりである。

① 満期保険金の等の課税では、保険料の負担者と保険金受取人が同一人であることから所得税の課税になる。

② 以下は、一時金と関係する国内源泉所得（所161①十四）の規定である。

> 国内にある営業所又は国内において契約の締結の代理をする者を通じて締結した保険業法第2条第3項（定義）に規定する生命保険会社又は同条第4項に規定する損害保険会社の締結する保険契約その他の年金に係る契約で政令で定めるものに基づいて受ける年金（第209条第2号（源泉徴収を要しない年金）に掲げる年金に該当するものを除く。）で第12号ロに該当するもの以外のもの（年金の支払の開始の日以後に当該年金に係る契約に基づき分配を受ける剰余金又は割戻しを受ける割戻金及び当該契約に基づき年金に代えて支給される一時金を含む。）

　上記の規定により事例の一時金は、国内源泉所得となる。

③ 生命保険の一時金は、日米租税条約では「その他所得」に該当し、居住地国課税となるので日本における課税はない。

④ 適用となる租税条約の「その他所得」条項で源泉地国課税と規定されている場合、日本において一時所得として課税となる。

16 外国子会社合算税制・外国税額控除

（1）　理解のポイント

イ　個人と法人の双方に適用

　外国子会社合算税制（以下「合算税制」という。）は、法人のみならず、個人に対しても適用になる。移転価格税制が法人のみを対象としている点とは異なっている。規定では、法人関連が租税特別措置法第66条の6以降であるのに対して、個人の場合は、同法第40条の4以降に規定がある。

ロ　合算税制のターニングポイント

　合算税制は、昭和53年の導入以降、多くの改正が行われてきたが、次の4

つが大きな改正点といえる。

① 昭和53年以降、軽課税国指定制度が創設された。

② 平成4年以降、軽課税国指定制度が廃止され、トリガー税率が適用されることとなった。

③ 平成29年度以降、租税負担割合が20％以上であっても事業実体がない海外子会社を「特定外国関係会社」とし、その子会社の所得を日本本社の所得に合算することになった。特定外国関係会社には、いわゆるペーパーカンパニー、キャッシュボックス（豊富な資金を持っているが能動的な活動を行っていない海外子会社）、ブラックリスト国所在企業（財務大臣によってブラックリスト国と認定された国に所在する海外子会社も含まれる。）が該当する。

　また、トリガー税率を廃止する一方、間接保有割合の算定方法等の見直しが行われた。

④ 令和5年度改正により、グローバルミニマム課税創設による負担軽減のため、特定外国関係会社の適用免除要件である租税負担割合を30％から27％に引き下げ、書類添付義務の緩和等の措置が講じられた。

ハ　適用の順序

合算税制の適用は次の順序になる。

① 外国関係会社（居住者等株主等が株式等の50％超を直接間接に所有する外国法人）の有無

② 経済活動基準の適否で、要件を満たす場合（Aとする。）

③ 経済活動基準の適否で、要件を満たさない場合（Bとする。）

④ 外国関係会社が、特定外国関係会社に該当する場合（Cとする。）

⑤ Aの場合、会社単位の租税負担割合が20％未満であれば、受動的所得の合算課税

⑥ Bの場合、会社単位の租税負担割合が20％未満であれば、会社単位の合算課税

⑦ Cの場合、会社単位の租税負担割合が30％未満であれば、会社単位の合

算課税

二　受動的所得（資産性所得）の概要

資産性所得の含まれる所得には次のものがある。

---

① 剰余金の配当等：特定外国子会社等の直接持分が10％未満の法人（特定法人）からの剰余金の配当等から配当等を得るために直接要した費用の額を控除した金額

② 債券の利子：債券の利子の額から利子等を得るために直接要した費用の額を控除した金額

③ 債券の償還金額：償還差益の額から償還差益を得るために直接要した費用の額を控除した金額

④ 特定法人の株式等の譲渡所得：この譲渡は証券取引所における譲渡及び証券会社等への売委託により行う譲渡に限定されている。

⑤ 債権の譲渡所得：債券の譲渡対価の額から債権の取得価額及び対価を得るために直接要した費用の額を控除した金額

⑥ 使用料：使用料の合計額から使用料を得るために直接要した費用の額を控除した金額

⑦ 船舶・航空機のリース料：リース料の合計額からそれを得るために直接要した費用の額を控除した金額

以下は、資産性所得合算課税制度の適用除外規定である。

---

① 所得事業基準：特定外国子会社等が行う事業（事業基準に掲げる事業を除く。）の性質上、基本的かつ重要で欠くことのできない事業（例：金融業等）から生じる所得

② デミニマス基準（小額所得除外基準）：資産性所得の収入金額が1,000万円以下の場合、資産性所得が特定外国子会社等の税引前所得の５％相当額以下の場合で、この適用を受ける場合、適用除外なる旨を記載

> した書面を添付し、かつ、適用除外に該当することを明らかにする書類・資料の保存が必要となる。

ホ 個人への合算税制の適用

　合算税制の特徴は、個人が軽課税国等に会社を設立した場合にも適用になることである。個人に対して合算税制の適用はないという誤った理解をしている場合が見受けられるが、注意が必要である。

① 法人税では、益金算入として合算課税をするが、個人の場合は雑所得として総合課税となる。

② 合算対象となった外国関係会社（特定外国子会社等）からの配当が配当所得となる場合、雑所得と配当所得の二重課税になることから、配当所得の計算上、特定外国子会社等からの剰余金の配当等は控除されることになるが、控除できる額は、前3年以内に雑所得として課税された金額が限度となる。

ヘ 合算課税と外国税額控除

　特定外国子会社等の納付した外国法人税について、個人が納付したとみなす規定がないことから、個人の外国税額控除について適用対象となる外国所得税がないことになる。

　また、雑所得は国内源泉所得であり、外国税額控除における国外所得がないことになる。

　以上のことから、特定外国子会社等の納付した外国法人税は、雑所得の必要経費として控除することになる。

（2）事例（16-1）内国法人の役員が外国法人の役員を兼務する場合の外国税額控除の適用関係

（事例）

　日本居住者である甲は、内国法人J社とフィンランド法人F社の役員

を兼務している。甲は、年間1か月程度フィンランドに出張しているが、それ以外には国内の勤務である。J社とF社からの報酬は各1,000万円で、年間2,000万円であり、フィンランドにおける税額は250万円である。なお、甲に上記以外の所得はない。

結論

① 日本・フィンランド租税条約第16条（役員の報酬）によりフィンランド法人からの報酬はフィンランドにおいて課税が行われる。

② 国外所得の計算は、フィンランド滞在期間に基づく按分計算ではなく、条約相手国で課税された所得は国外所得となる（所95④十六）。

解説

1　租税条約に定めのある所得源泉

租税条約に規定がある例として、日豪租税条約第22条がある。

第22条　所得の源泉

1　一方の締約国の居住者が取得する所得、利得又は収益であって、第6条から第8条まで及び第10条から第18条までの規定に基づき他方の締約国において租税を課することができるものは、当該他方の締約国の租税に関する法令の適用上、当該他方の締約国内の源泉から生じたものとされる。

2　国内法の規定

国内法においても、上記1と同様の規定がある。

（所得税法第95条第4項第16号）

第2条第1項第8号の四ただし書に規定する条約（以下この号及び第6項から第8項までにおいて「租税条約」という。）の規定により当該租税条約の我が国以外の締約国又は締約者（第7項及び第8項において

「相手国等」という。）において租税を課することができることとされる所得のうち政令で定めるもの

（所得税法施行令第225条の13）

　　法第95条第4項第16号（外国税額控除）に規定する政令で定めるものは、同号に規定する相手国等において外国所得税が課される所得とする。

　租税条約との関係では、国外源泉所得は租税条約の定めるところによるという以下の規定がある（所162）。

　　租税条約（第2条第1項第八号の四ただし書に規定する条約をいう。以下この項において同じ。）において国外源泉所得（第1項に規定する国外源泉所得をいう。以下この項において同じ。）につき前項の規定と異なる定めがある場合には、その租税条約の適用を受ける非居住者については、同項の規定にかかわらず、国外源泉所得は、その異なる定めがある限りにおいて、その租税条約に定めるところによる。

（3）事例（16-2）個人の過年度分の外国所得税が減額された場合の課税関係

（事例）

　日本居住者甲は、X国に所得があり同国に納税していたが、過年度分の所得税が減額された。この場合の処理はどうなるのか。

結論

① 　平成17年度の税制改正までは、個人の外国税額控除の取扱いが明定されていなかったことから、当時は、その発生年分に遡って修正するのが一般的であった。

② 　平成17年度改正後は、減額の発生した年分（以下「減額年分」という。）

で処理することになり、その年分の外国所得税から減額分を差し引く処理
に改正された。

③　減額年分に外国所得税がない場合、減額分が外国所得税よりも多額であ
る場合、減額に係る年の前年以前3年内の各年の控除限度超過額から減額
外国所得税の全額又は減額外国所得税のうち納付外国所得税額を超える部
分の金額に相当する金額を控除し、その控除後の金額について居住者に係
る外国税額控除を行う（所95）。

（4）事例（16−3）外国税額控除により還付される事例

（事例）

　日本居住者が、長年所有していた日本及びA国にある不動産を、昨
年10月に売却し、それぞれ2,000万円と4,000万円の譲渡益が生じた。
昨年中は、他に生じた所得はない。この譲渡益合計6,000万円について、
当年3月に確定申告をし、日本の所得税900万円を納付した。その際に
「外国税額控除に関する明細書」を作成して申告書と共に税務署に提出
したが、昨年中に外国所得税額の納付額が確定しなかったため、控除限
度額の計算により「控除余裕額」600万円を算出するにとどまり、外国
税額控除として控除できる金額はなかった。

　この「控除余裕額」600万円を当年に繰り越したものの、当年は収入
がなく、所得税の納税額はない。当年6月に、上記の譲渡益に対するA
国所得税額が確定し、800万円（邦貨換算額）を納付したが、翌年と翌々
年も、当年と同じく無収入で所得税額が生じない場合、外国税額控除の
適用を受けることができるのか。なお、検討では、説明を簡易にするた
め、税額は、所得控除、復興特別所得税及び住民税を考慮しないで計算
している。

結論

　外国税額控除は、外国で生じた所得に対して外国が所得税を課し、その同

一の所得に日本も課税することにより二重課税が生じた場合に、納税者の居住地国である日本の所得税額を、控除限度額を限度として減額することにより、二重課税を調整するものである。

事例では、外国所得税額控除による還付税額は、外国所得税額そのものを還付するものと錯覚するむきもあるが、そうではなく、外国税額控除を受けることで日本において納付した所得税が還付されることになる。

解説

1 外国税額の控除限度額の計算方法

居住者がその年において外国所得税を納付することとなる場合には、その外国所得税の額は、次の算式により計算した金額(控除限度額)を限度として、その年分の所得税の額から控除すると規定されている (所95①、所令222)。

$$控除限度額 = その年分の所得税の額 × \frac{その年分の調整国外所得金額}{その年分の所得総額}$$

本事例における所得税の控除限度額 (昨年分) は、以下のようになる。

控除限度額 = 900万円 × 4,000万円 ÷ 6,000万円 = 600万円

外国所得税が外国税額控除の対象となるのは、外国所得税を納付することとなる年度においてであるが、「外国所得税を納付することとなる」とは、納税義務が確定することを意味すると解されている。

調整国外所得金額 (算式の分子) とは、純損失又は雑損失の繰越控除を適用しないで計算した場合のその年分の所得税法第95条第1項に規定する国外所得金額をいうが、算式の分母の金額を超えるときは、分母と同額とする (所令222③)。

2 「その年分の所得税の額から控除する」の意味

法人税法と所得税法において、「控除」が異なる用いられ方をしている点が、質問者に疑問を抱かせた一因かと思われる。以下は「控除」の意義についての説明である。

法人税法においては、「控除」と「減算」の使い分けが行われている。「減

算」は、単なる引き算の意味で用いられており、差引後の金額がマイナスとなるときは、マイナスの値がそのまま答えとなる。しかし、「控除」は、控除後の金額がマイナスになることを許容せず、差引後の金額がマイナスになる場合は0とされる。

　一方、所得税法では、「減算」という用語は使用されていない。そして、「控除」は単なる引き算の意味で使われている。したがって、所得税法では、法人税法とは異なり、差引後の金額がマイナスとなるときは、マイナスの値がそのまま答えとされる。もちろん、所得税法でも、差引後の金額についてマイナスを許容しない場合があるが、その場合はその旨が条文に明記されている。

　例えば、配当控除（税額控除）は、「所得税額から（中略）控除する」と規定（所92①）されているが、配当控除として控除すべき金額がその年分の所得税額を超えるときは、当該控除をすべき金額は、その年分の所得税額を限度とすると規定されている（所92②）。もう一例あげると、雑所得の金額中、公的年金等以外の雑所得の計算については、「総収入金額から必要経費を控除した金額」（所35②二）と規定されており、マイナス所得を許容しているのに対し、公的年金等の金額は、「収入金額から公的年金等控除額を控除した残額」（所35②一）と規定されているので、残額がない場合は零となり、マイナスになることはない。

　外国所得税については、控除限度額を限度として、その年分の所得税の額から控除すると規定されているが、差引後の金額について限度を設ける旨の規定はない。したがって、差引後の金額がマイナスとなるときは、そのマイナスの数値が答えとなる。

3　控除余裕額の繰越

　本事例では、国外所得金額が生じた昨年において、上記1で説明した計算式により控除限度額が算出される。仮に、外国所得税額の納付義務が昨年中に確定するのであれば、控除限度額を限度として、昨年中に納付義務が確定した外国所得税額に相当する金額を、昨年分の日本の所得税額から差し引くことができるが、本事例では昨年中に納付義務が確定する外国所得税額がな

いため、昨年分の所得税額から差し引くことはできない。

　一方、外国所得税額の納付義務が確定する当年は、国外所得がないため、控除限度額が算出されない。このように、国外所得の発生年と外国所得税の納付年とに「ずれ」が生じる場合は、昨年分について算出された控除限度額を「控除余裕額」として当年に繰り越すことになる。そして、当年において、昨年から繰り越されたその「控除余裕額」を「繰越控除限度額」として、その金額を限度に、当年において納付する外国所得税に相当する金額を当年分の所得税の額から控除する（所95②、所令224）。その結果、国外所得の発生した昨年の控除限度額を使って、外国所得税を納付することとなる当年において、外国税額控除に相当する日本の所得税額が還付されることになる。なお、控除余裕額は、3年間繰り越すことができる。

4　所得税法第138条第1項及び所得税の還付

　その年分の所得税額の計算上、控除しきれなかった外国税額控除の額若しくは源泉徴収税額がある場合には、その控除しきれなかった金額を確定申告書に記載することとされている（所120①四、六）。そして、所得税法第138条第1項の規定により、これらの金額が記載された確定申告書の提出があった場合は、当該金額に相当する所得税が還付されることとなる。

　つまり、外国税額控除額がその年分の所得税額を超える場合は、その超える金額は、源泉徴収税額と同様に還付される。

17　特典条項

（1）　理解のポイント（特典条項生成の背景）

　租税条約の機能の1つは、条約相手国の居住者に租税条約により所得源泉地国における課税を減免するという特典を与えることであり、双方の締約国の居住者以外の者にその条約上の特典を供与することではない。

　租税条約は、条約適用対象者として居住者条項を設けてその定義を置き、

条約の適用対象となる者を限定しているが、米国の締結している租税条約の特徴は、租税条約の定義する居住者のうちから租税条約の特典を享受できる者を限定している特典条項（LOB：Limitation on Benefit。「特典制限条項」ともいう。）を規定していることである。すなわち、LOBの本来の趣旨は、第三国の居住者が、租税条約を濫用（treaty shopping）して不当に租税条約上の特典を享受することを規制することであり、経済的合理性をもって租税条約締約国に法人を設立する者までも排除するものではない。

このような特典に係る判定を行うに際して、租税条約の特典を得ようとする者が租税条約濫用の意図を持つか否かということは、立証が困難であることから、特典条項では所定の要件を定めて、租税条約上の特典を得ることができる適格者とそれ以外の者を区分することとしている。

さらに、特典条項は、これらの規定においても救済されない事態が生じることも懸念して、最終的な救済手段として、権限ある当局の裁量により特典を与えることも定めている。

米国がこのように特典条項導入に熱意を示す理由は、米国が世界有数の資本輸入国であり、諸外国から多くの対米投資があることを背景としているものと思われる。特に米国の非居住者に対する源泉税の税率は30％と高率であり、租税条約に定める限度税率との格差が大きく、これが租税条約の濫用をもたらす主たる原因といえる。

（2）　特典条項に係る付表の扱い

租税条約の規定の適用に基づき軽減又は免除を受けようとする者は、「特典条項に関する付表（様式17）」という租税条約に関する届出に添付する書類が必要になる。この付表には居住者証明の添付等、付表の提出時期との関係で、添付書類が間に合わない場合も生じるので注意を要する。

（3）事例（17－1）特典条項に関連した租税条約の届出書

（事例）

　内国法人甲社は、米国子会社A社から、使用料を受け取ることになった。日本からの使用料の支払の場合、租税条約に関する届出等が必要になるが、米国からの使用料の支払の場合の手続はどうなるのか。

結論

1　日本からの支払の場合

　使用料を支払う場合、日本が締結している租税条約における使用料に課される限度税率は、おおむね10％あるいは0％が多く、日本における源泉徴収ではこの租税条約に規定する税率が適用となる。この場合、租税条約に関する届出（使用料に対する所得税及び復興特別所得税の軽減・免除）を租税条約による特典を受ける者が、最初の使用料の支払を受ける前日までに支払者の所轄税務署に提出することになる。また、使用料に係る租税条約の規定が特典条項の適用対象となるときは、特典条項に関する付表（様式17－米）を添付することになる。

2　米国支払の使用料の課税

　米国法人（A）が内国法人（B）に対して使用料を支払う場合は、日米租税条約第12条の使用料条項の規定により、条約免税（0％）である。仮に、租税条約が適用されないと、米国における非居住者に対する源泉徴収税率は30％である。

　米国における手続について、米国内国歳入庁（IRS）は、"Claiming Tax Treaty Benefits"という文書をウェブサイト上にアップしている。

　手続としては、所得の受益者が個人の場合はForm W-8BENを、法人の場合は、Form W-8BEN-E（Certificate of Status of Beneficial Owner for United States Tax Withholding and Reporting（Entities））（以下「当該様式」という。）を提出する。上記の例でいえば、B法人は当該様式を使用料支払

前に、IRSではなく、Aに提出することになる。

18　源泉徴収

（1）理解のポイント（租税条約の限度税率の適用）

　租税条約では、配当、利子、使用料等に課される源泉徴収の税率を、所得源泉地国の国内法の税率よりも低くすることで、国際的二重課税を緩和する措置を講じている。

　以下はそのポイントである。

① 　日本の場合、租税条約実施特例法という国内法が、租税条約の規定と、所得税法における源泉徴収の規定を橋渡しする役割を果たしている。

② 　日本において租税条約の適用を受ける場合、各種の届出書の提出が必要になる。

③ 　配当、利子、使用料等の課税において、特典条項が租税条約にある場合、付表の提出が必要になる。

④ 　上記②の届出書の提出が遅れた場合、租税条約による課税の減免の権利がなくなるということではなく、届出書が出されれば、課税の減免を受けることができるが、原則としては、国内法による課税➡届出書の提出➡租税条約により限度税率の適用、であるが、届出書の提出を前提に、租税条約により限度税率の適用という処理方法もある。

（2）事例（18－1）租税条約の限度税率よりも国内法の税率が低い場合

（事例）

　日本・香港租税条約では、親子間配当が5％、一般配当が10％になっている。内国法人から香港居住者に支払う配当と、香港法人から日本居住者に支払配当の課税はどうなるのか。

① 内国法人➡香港居住者の場合、日本・香港租税条約の税率が適用になる。

② 香港法人➡日本居住者の場合、香港の税法では配当の源泉徴収がないので、香港における源泉徴収はない。

（3）事例（18－2）コンピュータ・ソフト契約の違約金に対する課税関係

（事例）

内国法人は、コンピュータ・ソフト契約の違約金を香港法人に支払うこととなった。この場合、支払われる違約金について源泉徴収課税は生じるのか。

コンピュータ・ソフト契約に係る支払は著作権の権利の使用となり、租税条約に定める使用料条項の適用になる。日本からの支払は5％の限度税率が適用される。

違約金は、契約外の権利の使用に対する対価の支払と効果が同じことから、著作権の使用料として源泉徴収が必要になる。

19 納税管理人

（1）理解のポイント

イ　納税管理人の根拠規定

納税管理人に関する規定は、国税通則法に以下のとおり規定されている（国税通則法117）。

第117条　個人である納税者がこの法律の施行地に住所及び居所（事務

所及び事業所を除く。）を有せず、若しくは有しないこととなる場合
又はこの法律の施行地に本店若しくは主たる事務所を有しない法人で
ある納税者がこの法律の施行地にその事務所及び事業所を有せず、若
しくは有しないこととなる場合において、納税申告書の提出その他国
税に関する事項を処理する必要があるときは、その者は、当該事項を
処理させるため、この法律の施行地に住所又は居所を有する者で当該
事項の処理につき便宜を有するもののうちから納税管理人を定めなけ
ればならない。

2　納税者は、前項の規定により納税管理人を定めたときは、当該納税
管理人に係る国税の納税地を所轄する税務署長（保税地域からの引取
りに係る消費税等に関する事項のみを処理させるため、納税管理人を
定めたときは、当該消費税等の納税地を所轄する税関長）にその旨を
届け出なければならない。その納税管理人を解任したときも、また同
様とする。

ロ　不動産所得者で、年の途中で国外に出る場合

　所得税法おいて「出国」は、以下のとおり規定されている（所2①
四十二）。

出国　居住者については、国税通則法第117条第2項（納税管理人）の
規定による納税管理人の届出をしないで国内に住所及び居所を有しな
いこととなることをいい、非居住者については、同項の規定による納
税管理人の届出をしないで国内に居所を有しないこととなること（国
内に居所を有しない非居住者で恒久的施設を有するものについては、
恒久的施設を有しないこととなることとし、国内に居所を有しない非
居住者で恒久的施設を有しないものについては、国内において行う第
161条第1項第6号（国内源泉所得）に規定する事業を廃止すること
とする。）をいう。

　上記の規定によれば、居住者が納税管理人の届出をしないで国外に出ることを出国という。

ハ　納税管理人を定めないで国外に出る場合

　この場合の根拠規定は以下のとおりである（所126）。

（確定申告書を提出すべき者等が出国をする場合の確定申告）

第126条　第120条第1項（確定所得申告）の規定による申告書を提出すべき居住者は、その年の翌年1月1日から当該申告書の提出期限までの間に出国をする場合には、第123条第1項（確定損失申告）の規定による申告書を提出する場合を除き、その出国の時までに、税務署長に対し、当該申告書を提出しなければならない。

2　第123条第1項の規定による申告書を提出することができる居住者は、その年の翌年1月1日から2月15日までの間に出国をする場合には、当該期間内においても、税務署長に対し、当該申告書を提出することができる。

　上記の規定は納税管理人を定めない場合、国外に出るまでに確定申告をすること規定している。

ニ　納税管理人を定めた場合

　納税管理人を選定すると、上記の出国に該当しないことから、通常の確定申告の時期（翌年の3月15日まで）に申告書を提出することになる。この場合、扶養親族等の判定の時期等（所85）は、12月31日の現況による。

ホ　令和3年度の改正

　国内に拠点を持たない外国法人あるいは非居住者が日本国内で経済活動をする場合、税務当局がこれらの者に接触の必要性があるにもかかわらず納税者による納税管理人の選任が行われていなかった場合、税務調査等に支障が

生じることから、納税管理人を適切に選任させることを確保する措置が令和3年度の改正により講じられた。

（イ）納税管理人の届けをすべき定め（国税通則法117③）

　納税管理人を定めるべき納税者が納税管理人の届出をしなかったときは、所轄税務署長等は、その納税者に対して納税管理人に処理させる必要があると認められる特定事項を明示して60日を超えない範囲でその準備に通常要する日数を勘案して定める日（指定日）までに納税管理人の届出をすべきことを求めることができることになった。

（ロ）国内便宜者がいるときは納税管理人になることの求め（国税通則法117④）

　納税管理人を定めるべき納税者が納税管理人の届出をしなかったときは、所轄税務署長等は、特定事項の処理に便宜を有する国内便宜者（国内に住所又は居所を有する者）に対し、その納税者の納税管理人となることを求めることができることになった。

（ハ）税務当局による特定納税管理人の指定（国税通則法117⑤）

　上記**（イ）**の求めを受けた納税者（特定納税者）が指定日までに納税管理人の届出をしなかったとき、上記**（ロ）**により納税管理人となることを求めた国内便宜者のうち、一定の国内関連者を特定事項を処理される特定納税管理人として指定できることになった。

（ニ）一定の国内関連者の範囲（国税通則法117⑤）

　　a　特定納税者が個人の場合

　　　①　その特定納税者と生計を一にする配偶者その他の親族で成年に達した者

　　　②　その特定納税者の国税の課税標準又は税額等の計算の基礎となるべき事実についてその特定納税者との間の契約により密接な関係を有する者

　　　③　インターネット取引その他の取引をその特定納税者が継続して行う場を提供する事業者

　　b　特定納税者が法人の場合

① 　その特定納税者との間に発行済株式等の50％以上を保有する関係、その他の特殊の関係のある法人

② 　その特定納税者と役員又はその役員と生計を一にする配偶者その他の親族で成年に達した者

③ 　上記 a の②又は③に掲げる者

（ホ）特定納税管理人の指定（国税通則法117⑤）

　この指定については、特定納税者及び特定納税管理人に対して書面で通知を行い（国税通則法117⑦）、これらの者による不服申立て又は訴訟を可能にする措置が講じられた。

（ヘ）本改正の意義

　本改正は、日本において納税義務のある外国法人及び非居住者が、日本に税務処理を行える者（納税管理人）を指定していないときで、かつ処理が必要な事項があると税務当局が明示した場合、その指定を求められるというものである。したがって、納税者がその届出をしない場合、税務当局は、特定納税管理人の指定をすることができることとされた。

（2）事例（19－1）納税管理人の課税関係

（事例）
　次の場合、納税管理人を利用するとどうなるのか。
1　所得税／2　法人税／3　相続税／4　地方税

結論

1　所得税の場合

① 　不動産所得を有する個人が年の途中で出国する場合、納税管理人を選任しないと出国までに確定申告をすることになるが、納税管理人を選任している場合、確定申告は翌年の3月15日までになる。

② 　非居住者が国内に不動産所得を有する場合あるいは非居住者が国内の不動産を売却する場合、納税管理人を選任していれば、確定申告書の提出及

び納付等をすべて委任できる。

2　法人税の場合

①　外国法人を閉鎖する場合、外国法人の代表者が帰国していると、税務関係書類に代表者の署名押印が必要になった際に難しいことになる。

②　外国法人が支店等のPEを国内に有しない場合、上記所得税の②と同様になる。

3　相続税の場合

　非居住者が相続税あるいは贈与税の納税義務を負う場合、上記所得税の②と同様になる。

4　地方税の場合

　非居住者あるいは外国法人が国内に不動産を所有する場合、固定資産税の賦課決定通知書の受領と納税を納税管理人を選定して行うことになる。

　なお、納税管理人の選定については、国税通則法第117条第1項に規定があることに留意が必要である（前掲103頁参照）。

20　国外財産調書・情報交換

（1）理解のポイント

イ　国外財産調書の根拠規定

　同制度は、平成24年度税制改正に創設されたもので、「内国税の適正な課税の確保を図るために国外送金等に係る調書の提出等に関する法律」第5条及び第6条に規定されている。

ロ　国外財産調書のポイント

　以下は、国外財産調書について押さえるべきポイントである。

① 適用対象は、非永住者を除く居住者である。

② 提出義務者は、その年の12月31日現在、合計5,000万円を超える国外財産を有する個人である。

③ 国外財産調書は、国外財産の種類、数量及び価額等を記載して翌年の6月30日までに所轄税務署宛に提出するが、6月30日までに死亡、出国したときは、この規定の適用はない。

④ 国外財産に係る所得税、相続税の修正申告等があった場合、過少申告加算税及び無申告加算税の適用に係る規定がある。

⑤ 国外財産調書の故意の不提出等の場合は罰則規定がある。

ハ 令和2年度の税制改正

以下のような国外財産調書の見直しが行われた。

① 年末に相続が発生した場合、相続人は相続した国外財産を記載せずに提出することが可能になった。

② 国外財産調書に関する国外財産取得あるいはその後の運用等に係る書類の提出を国税当局から求められたときに、国外財産調書に記載のある場合であれば加算税率の軽減がなく10%、国外財産調書に記載のない場合であれば20%の税率の適用となる。

二 金融口座情報自動的交換報告制度による情報交換の精度

平成30年から日本も実施している非居住者に係る金融口座情報自動的交換報告制度（Automatic Exchange of Financial Account Information。以下「AEOI」という。）について、国税庁は令和元年12月13日、この制度により、2019年分として日本の個人や法人が85か国・地域に保有する金融口座情報約189万件（11月末時点）を入手したと発表した。初回の2018年分の交換では残高1億円超の口座などの情報を対象とし、2019年6月までに約74万件を入手している。2回目の2019年分は残高1億円以下の口座なども交換の対象に加わり、令和4事務年度外国からの受領件数は2,526,181件、わが国からの提供件数は532,037件と圧倒的に受入超過状態になっている。

ホ 日独租税協定議定書に規定ある通知制度

日独租税協定議定書11（e）に、「情報を受領する当局は、情報を受領する当局が権限のある当局である締約国の法令に従い、ある者に関して提供された情報及び当該情報が使用される目的を当該者に通知する。」とあり、交換した情報を納税者に通知することを規定しているが、これはドイツの国内法に基づくもので、日本にはこの種の規定はなく、国税庁の事務運営指針（租税条約等に基づく相手国等の情報交換及び送達共助手続について）にもこのような取扱いは規定されていない。

（2）事例（20-1）国外財産調書の見直しの影響

（事例）

日本居住者であるBとCの兄弟の父親Aは、ハワイに高額な別荘（土地と建物で評価額約2億円）を所有している。Aの配偶者は先年死亡しており、Aに相続が生じた場合の相続人は、BとCである。Aの海外の別荘については、Aと配偶者が、Aの事業が盛大であった頃に相談して約20年前に取得していることから、その概要についてBとCは知っているが、その関係資料の内容及び存在場所等の詳細は承知していない。Aは現在重病で入院中である。BとCは給与所得者で年末調整により納税を済ませており、国外財産は保有していない。近々に相続が発生する可能性もあるが、BとCはどのように対応すべきか。

結論

1 米国の遺産税の課税

米国は、日本の相続税制と異なり、遺産者課税となり、被相続人の遺産に対して課税が行われる。本事例では、米国非居住者であるAのハワイの不動産について、米国において遺産税の税務処理が必要になる。一般的には、米国における遺産の処理については、検認裁判所によるプロベイトという手続にかかることになる。ハワイ州の場合は、Probate Lawとハワイ州の最高裁

が定めた規則（Probate Rules）がある。

　米国における遺産の処理は、遺言がある場合は遺言執行人（Executor）により行われる。遺産税の申告期限は、原則として被相続人の死亡日より9か月である。遺言執行人の仕事は、すべての財産の把握と財産目録の作成（裁判所に提出）、財産の所有権の被相続人から遺産財団への移転、検認裁判所に対する定期的報告、負債の支払と税金の納付、遺産の保護、遺産の分配である。この遺言執行人は、法律上は、Personal Representative（人格代表者）として表記され、遺言がない場合に裁判所が選任するAdministrator（遺産管理者）も含まれる。

2　国外財産調書の概要

　この制度は、平成24年度の税制改正により導入され、平成26年1月より施行されている。その年の12月31日においてその価額の合計額が5,000万円（時価又は時価に準ずるものとしての見積価額）を超える国外財産を保有する居住者（非永住者を除く。）は、その年の翌年の3月15日までに当該国外財産の種類、数量及び価額その他必要な事項を記載した国外財産調書を、所轄税務署長に提出しなければならない（国外送金等調書法5①）。

　国外財産に係る国外財産調書の記載については、令和2年度改正前では、その年の12月31日現在に遺産分割が成立していない場合には、法定相続分で按分した価額を記載し、遺産分割が成立している場合には、分割に応じた価額を記載することになっていた。

　また、国外財産調書に記載された国外財産について、将来の税務調査において所得税あるいは相続税の修正申告となった場合は加算税が5％軽減され、調書不提出・記載不備の場合は所得税について加算税が5％加重されていた。具体的には、国外財産調書を提出していた場合、記載のある国外財産に関して後日の税務調査等により所得税あるいは相続税の申告漏れが明らかになったとしても、過少申告加算税等が5％軽減となる。逆に、提出されていない場合あるいは記載すべき国外財産について記載漏れがある場合は、所得税についてのみ過少申告加算税等が5％加重されることになる。

さらに、国外財産調書に虚偽記載をして提出した場合、あるいは正当な理由なく期限内の提出がなかった場合には、1年以内の懲役又は50万円以下の罰金という刑事罰が科されることになる。

この制度の特徴は、加算税の加重と軽減という硬軟取り混ぜた施策を講じることで、調書提出の確実性を担保しているといえる。

3　令和2年度の国外財産調書の見直しの影響

令和2年度の税制改正において以下のような国外財産調書の見直しが行われた。

① 相続人はその年に相続により取得した国外財産については、記載せずに提出することが可能になった。相続開始年分の国外財産調書の提出義務についても、その国外財産の価額を除外して判定する。これは、年末近くに相続があった場合、相続人が被相続人の国外財産を把握することが難しいという実情を汲んで改正されたものである。

② 国外財産調書に記載すべき国外財産の取得、運用又は処分に係る書類の提示又は提出を国税当局から求められた場合に、指定された日までに提示又は提出をしなかったときは、国外財産調書に記載のある場合であっても、所得税及び相続税の申告漏れに係る加算税率は軽減がなく10％とされ、国外財産調書に記載のない場合は、10％（改正前は5％）が加算されて20％となる。ただし、相続人が知らない相続財産が税務調査で見つかった場合など、相続人の責めに帰すべき事由がないときは、相続税の加重措置は適用されない。

上記の②については、改正前は、国外財産調書に記載があれば、関連資料の不提示あるいは不提出があっても軽減措置が適用されたことを是正するための改正といえる。

4　本事例の適用関係

令和2年度の上記改正は、令和2年4月1日以後の相続若しくは遺贈により取得する財産に係る相続税に適用となることから、改正法適用開始後に相

続となる本事例では、相続により取得する国外財産の他に国外財産がないので、相続開始年分については国外財産調書の提出義務は生じない。とはいえ、相続税の申告に備えて、早急に関連資料の収集と整備を行う必要があろう。

（3）事例（20-2）金融口座情報自動的交換報告制度（AEOI）により交換される情報について

（事例）

AEOIについて以下の質問がある。

1　AEOIは租税条約に基づく情報交換と同じものなのか。

2　米国がAEOIに不参加の理由

3　日本にある外国法人の支店も対象となるのか。

4　交換される情報の金額について少額基準はあるのか。

5　令和6年度の改正の内容

結論

以下は、質問事項に関する回答である。

1　AEOIは、租税条約に基づく情報交換ではなく、税務行政執行共助条約第6条を根拠とする各国の権限のある当局の合意という行政協定である。

2　米国は、独自に「外国口座税務コンプライアンス法（FATCA）」を制定していることからAEOIに不参加である。

3　AEOIは、非居住者である個人又は法人等の金融口座情報を年に1回交換する制度である。日本にある外国法人の支店の金融口座情報は、外国法人の居住地国の税務当局に報告される。

4　OECDの定めた共通報告基準（CRS）により、個人の場合は100万ドル以下と100万ドル超、事業体口座の場合は、25万ドル以下と25万ドル超で口座の特定手続の区分があるが、金融口座の金額基準はない。なお、CRS情報については、令和4事務年度外国からの受領件数は2,526,181件、わが国からの提供件数は532,037件と圧倒的に受入超過状態になっている。

5　令和6年度の改正の内容

令和6年度の税制改正により非居住者に係る暗号資産等取引情報の自動的交換のための報告制度の整備とわが国に特有な双方居住者に対する取扱いが規定されている。

OECDにおいて策定された暗号資産等報告枠組み（ＣＡＲＦ：Crypto-Asset Reporting Framework）に基づき、租税条約等により各国税務当局と自動的に交換するため、国内の暗号資産取引業者等に対し非居住者の暗号資産に係る取引情報等を税務当局に報告することを義務付ける制度を整備するため次の条文が追加された。

① 　法10の9（暗号資産等を行う者の届出書の提出等）

② 　法10の10（報告暗号資産交換業者等による報告事項の提供）

③ 　法10の11（暗号資産等取引を行った者等による報告事項の回避を主たる目的とする行為があった場合の特例）

④ 　法10の12（報告暗号資産交換業者等による記録の作成及び保存）

21　外貨建取引

（1）理解のポイント

イ　根拠規定と基本通達

個人の外貨建取引等に係る規定の整備は、法人税よりだいぶ遅れて平成18年度の税制改正により創設されている。所得税法の規定は以下のとおりである（所57の3）。

（外貨建取引の換算）

第57条の3　居住者が、外貨建取引（外国通貨で支払が行われる資産の販売及び購入、役務の提供、金銭の貸付け及び借入れその他の取引をいう。以下この条において同じ。）を行った場合には、当該外貨建取引の金額の円換算額（外国通貨で表示された金額を本邦通貨表示の

金額に換算した金額をいう。次項において同じ。）は当該外貨建取引
を行った時における外国為替の売買相場により換算した金額として、
その者の各年分の各種所得の金額を計算するものとする。

2　不動産所得、事業所得、山林所得又は雑所得を生ずべき業務を行う
居住者が、先物外国為替契約等（外貨建取引によって取得し、又は発
生する資産若しくは負債の金額の円換算額を確定させる契約として財
務省令で定めるものをいう。以下この項において同じ。）により外貨
建取引によって取得し、又は発生する資産若しくは負債の金額の円換
算額を確定させた場合において、当該先物外国為替契約等の締結の日
においてその旨を財務省令で定めるところによりその者の当該業務に
係る帳簿書類その他の財務省令で定める書類に記載したときは、当該
資産又は負債については、当該円換算額をもつて、前項の規定により
換算した金額として、その者の各年分の不動産所得の金額、事業所得
の金額、山林所得の金額又は雑所得の金額を計算するものとする。

3　前項に定めるもののほか、外貨建取引の換算の特例その他前二項の
規定の適用に関し必要な事項は、政令で定める。

所得税基本通達における取扱いは以下のとおりである。

① 57の3—1（いわゆる外貨建て円払いの取引）
② 57の3—2（外貨建取引の円換算）
③ 57の3—3（多通貨会計を採用している場合の外貨建取引の換算）
④ 57の3—4（先物外国為替契約等がある場合の収入、経費の換算等）
⑤ 57の3—5（前渡金等の振替え）
⑥ 57の3—6（延払基準の適用）
⑦ 57の3—7（国外で業務を行う者の損益計算書等に係る外貨建取引の換
算）

ロ　円換算のポイント

円換算に関しては、上記通達57の3—2に規定があり、原則として、円換

算は、取引日における電信売相場と電信買相場の仲値（TTM）と規定され
ている。使用する金融機関の為替相場については57の３―２の（注）１、継
続適用による取扱いは57の３―２の（注）２、為替相場がない場合は57の３
―２の（注）３に規定がある。

（２）事例（21－1）個人の外貨建取引等に係る課税関係

（事例）

　日本居住者甲は、米国において不動産所得がある。さらに、米国の不
動産の一部を譲渡した場合の換算はどうなるのか。

結論

① 　不動産所得の換算については、原則は前項**（１）□**で触れた「電信売相
　場と電信買相場の仲値」（TTM：Telegraphic Transfer Middle Rate）の
　とおりである。なお、継続適用を要件として、収入及び資産については電
　信買相場（TTB：Telegraphic Transfer Buying Rate）、必要経費及び負
　債については電信売相場（TTS：Telegraphic Transfer Selling Rate）の
　適用が認められている（所基通57の３―２）。

　　また、国外で業務を行う者の損益計算書等に係る外貨建取引の換算の特
　例として、継続適用を条件に、年末の為替相場によることもできる。

② 　原則として、譲渡所得はTTMにより計算する。ただし、一定の条件の
　場合、TTBあるいはTTSの適用が認められる。

22 その他所得

（1）理解のポイント

　租税条約における「その他所得条項」は、個別の所得として条約上規定の
ない種類の所得に適用となるものである。ここでは、租税条約の規定が源泉

地国課税か、居住地国課税かを確認することが肝要である。

イ　旧日米租税条約（第2次条約）の適用関係

　匿名組合課税が問題となった当時の第2次条約には「その他所得条項」がなかったことから、日本の国内法の適用により課税される可能性があった。そのため、米国法人等は、直接日本の営業者と契約をせずに、居住地国課税を定めた「その他所得条項」の規定がある日本・オランダ租税条約を利用するために関係会社であるオランダ法人を経由して投資を行った（日本ガイタント事案）。これに対して、課税当局は、①匿名組合のPE認定、②同族会社の行為計算否認の規定の利用、③実質課税、④移転価格税制の適用等を検討した。

　当時は、匿名組合員が10名未満で国内に支店等のない場合、匿名組合契約に基づく利益の分配は国内にある資産の運用又は保有により生じる所得に該当し、国内に支店等のない場合であっても、その所得は、源泉徴収ではなく、確定申告による総合課税とされていた。すなわち、この所得を事業の所得とすれば、国内に支店等のないときは日本で課税できないことから、この欠点を補う内容であったが、これが租税条約と結びついて（事業所得ではなくその他所得に分類されて）租税回避につながったのである。

ロ　匿名組合契約に基づく利益の分配を「その他所得」とした事例

　平成10年12月刊行の『月刊税務事例』（財経詳報社）の「国際課税のケーススタディ」に、小沢進氏が「租税条約におけるその他所得条項の適用について」という事例を発表している。その事例は以下のとおりである。

　　内国法人甲はその業務の一環として匿名組合の営業者としての事業を遂行している。この匿名組合は日本において不動産の取得、管理、運用及び売却を主たる業務とするもので、組合員の大半は外国法人である。組合員の数は15で、その外国法人の国別の内訳は、英国法人及びカナダ法人となっている。このたび、内国法人甲は営業者としてこの匿名組合

> 員に対して利益の分配を行うことになった。匿名組合員である英国法人
> 及びカナダ法人が受領する匿名組合の利益の分配についてわが国でそれ
> ぞれどのような課税を受けることになるのか。なお、英国法人及びカナ
> ダ法人とも、いずれもわが国に恒久的施設を有していない。

　この事例の結論としては、匿名組合員に対して利益の分配は租税条約にお
ける「その他所得」に該当することを前提として、日英租税条約と日加租税
条約の「その他所得」を比較して、日英租税条約は居住地国課税、日加租税
条約は源泉地国課税となり、英国法人の課税はないことになるというもので
ある。

ハ　ポイント

　上記**イ**における課税当局の検討項目等を参考にすると、外国法人等による
匿名組合契約による日本における活動は、その規模等からみて事業活動とい
う判断もできる。その場合、日本の営業者がPEと認定できれば、日本にお
いて課税関係が生じることになる。仮にそうであれば、租税条約は事業所得
条項の適用となり、その他所得の適用にはならない。

　この論理の弱点は、当時の国内法が、匿名組合契約に基づく利益の分配を
国内にある資産の運用又は保有により生じる所得と規定していたことにあ
る。このように規定した理由は、国内にある資産の運用又は保有により生じ
る所得に該当する場合、国内にPEがなくても課税関係が生じるからである。
すなわち、PEなしでも課税できるよう「課税の網を広げた」ために、この
点を租税回避に利用されたのである。

二　匿名組合条項のある租税条約

　現在、日本の租税条約には匿名組合条項が規定され、日本に課税権がある
旨が定められている。例えば、令和6年1月20日に適用となる日本・アルジェ
リア租税条約第20条に以下の規定がある。

第20条　匿名組合

　この条約の他の規定にかかわらず、匿名組合契約その他これに類する契約に関連してアルジェリアの居住者である匿名組合員が取得する所得に対しては、当該所得が日本国内において生じ、かつ、日本国におけるその支払者の課税所得の計算上控除される場合には、日本国において、日本国の法令に従って租税を課する ことができる。

（2）事例（22-1）年金条項のない租税条約における「その他所得」条項の適用

（事例）

　租税条約の多くは、年金条項として、年金受領者の居住地国だけが課税できるという規定を置いている。租税条約に年金条項の規定がない場合、「その他所得」の適用となるが、その場合の課税関係はどうなるのか。

結論

　日本が締結している租税条約のうち年金条項がないものは、タイ、スウェーデン、カナダ、南アフリカの4か国であり、これらの租税条約が適用となる場合、日本の国内法どおりの課税となる。公的年金は、国内源泉所得に該当し、非居住者の場合、年金支払額から5万円（65歳以上は9.5万円）×支払月数を控除した残額に20.42％の税率を適用する。

　年金条項がない場合、租税条約上は「その他所得」の適用となる。例えば、日本・タイ租税条約では、居住地国課税を原則としつつ、源泉地国の課税もできると規定している。日本から年金受領者がタイに移住した場合、タイと日本の双方で課税となる。

23 配偶者控除・徴収共助

（1）理解のポイント

イ　平成27年度税制改正による日本国外に居住する親族に係る扶養控除等の書類の添付等の義務化

　平成27年度の税制改正により、日本国外に居住する親族（国外居住親族）に係る扶養控除等の書類の添付等が義務化された。このように改正された背景には外国人労働者の増加があり、国外居住親族の扶養控除等について、明確化する必要があったからである。

　外国人社員の場合、本人は日本において勤務しているが、その家族は母国に居住しており、その生活費として当該外国人社員が送金をしているというケースがある。

　源泉徴収による年末調整を受ける外国人社員は、非居住者である親族に係る扶養控除、配偶者控除又は障害者控除等の適用を受ける場合、「親族関係書類」を提出し、又は提示しなければならないことになる（所120③二、所令262③、所規47の2⑤⑥）。

　そこで、平成27年度改正において、年末調整において非居住者である親族に係る扶養控除等の適用を受ける場合、当該外国人社員は「送金関係書類」を提出し、又は提示しなければならないこととされ、配偶者特別控除（年間の合計所得金額が38万円超76万円未満等の所定の要件を満たす場合に適用可となる。）の適用を受ける場合は、「親族関係書類」及び「送金関係書類」を提出し、又は提示しなければならないこととされた（所194①七、④⑤（令和7年1月1日以後：⑤⑥））。

　この「親族関係書類」とは、次の①又は②のいずれかの書類のことである。
①　戸籍の附票（住所の移転履歴を記録した書類）の写しその他の国又は地方公共団体が発行した書類でその非居住者がその居住者の親族であることを証するもの及びその非居住者の旅券の写し
②　外国政府又は外国の地方公共団体が発行した書類で、その非居住者がそ

の居住者の親族であることを証するもの（その親族の氏名、住所又は居所
及び生年月日の記載があるものに限る。）

また、「送金関係書類」とは、その年における次の①又は②の書類で、そ
の非居住者である親族の生活費又は教育費に充てるためのその居住者からの
支払が、必要の都度、行われたことを明らかにするものである。

① 金融機関が行う為替取引によりその居住者からその親族へ向けた支払が
行われたことを明らかにする書類

② クレジットカード発行会社が交付したカードを提示してその親族が商品
等を購入したこと及びその商品等の購入代金に相当する額をその居住者か
ら受領したことを明らかにする書類

なお、「親族関係書類」又は「送金関係書類」が外国語により作成されて
いる場合には、和訳文の添付が必要となる。

ロ 令和２年度の改正

（イ）改正の背景

改正前では、国外居住親族の所得要件が国内源泉所得のみで判定されて
いたので、国内源泉所得がなく、かつ一定水準の国外源泉所得を取得して
いる者は控除の対象であった。

（ロ）改正法の適用

改正法は、令和５年１月１日以後に支払われる給与等及び公的年金等、
並びに令和５年分以後の所得税から適用されることになった。

（ハ）適用対象者

適用対象者から、30歳以上70歳未満の者が除かれた。除対象扶養親族は、
改正前は「扶養親族のうち、年齢が16歳以上の者」とされていたが、当該
改正により、下記のとおりとされた（所２①三十四の二）。

・居住者…年齢16歳以上の者

・非居住者…年齢16歳以上30歳未満の者及び年齢70歳以上の者並びに年齢
30歳以上70歳未満の者で次に掲げる者のいずれかに該当するもの

① 留学により国内に住所及び居所を有しなくなった者

②　障害者

③　その居住者からその年において生活費又は教育費に充てるための支払を38万円以上受けている者

ハ　国際的徴収共助

具体例として、外国人Xに日本に保有する不動産の譲渡益があった時、Xは、日本において納税せずに出国して母国に帰国していたとする。この場合の課税処分としては、まず、決定により納税額を確定し、決定の通知書をXの海外の住所地がわかればそこに送達する。結果として、Xは日本の所得税等を滞納したことになる。

次に、滞納した税金の徴収であるが、日本の税務職員がXの所在地国に出張して、Xから所得税を徴収するといったことはできない。日本の徴収法は法施行地外で適用にならないという課税管轄権の問題が生じるからである。結局、Xは逃げ得になるのかということであるが、このような逃げ得が成立するのかどうかというのが問題である。

そこで、近年では、日本が締結する租税条約に、日本に代わって、日本で租税を滞納した者から条約相手国により租税の徴収をすることを規定した国際的徴収共助が整備されている。

（2）事例（23-1）国外に居住する配偶者及び親族の人的控除の適用

（事例）

日本と異なる制度の国から来日して日本で働く外国人労働者の場合、次の事例ではどうなるのか。

1　母国に送金しているが、その送金で多くの親族が生活している場合

2　母国が複数の配偶者を認める制度の場合

結論

　法改正以前では、日本に居住する外国人が母国で生活している親族に「仕送り」をした場合、当該外国人の扶養親族に該当するのかが不透明なまま推移していた。平成28（2016）年分から所得税の確定申告において、国外居住親族に係る扶養控除、配偶者控除、障害者控除又は配偶者特別控除の適用を受ける場合の規定が整備された。

　令和5（2023）年分以後と令和4（2022）年分以前の確定申告で書類等に相違があるが、以下は、雇用者が直面する共通する事項である。

① 　扶養控除等の対象となる親族は、6親等内の血族、配偶者又は3親等内の姻族である。したがって、本国で、上記以外の遠い親族も扶養していると雇用している外国人が主張したとしても、扶養控除の対象にはならない。

② 　本国に複数の配偶者が存在する場合でも、日本では、民法の規定による配偶者であること（内縁関係の者は該当しない。）と定義されていることから、配偶者控除は1人分となる。したがって、配偶者控除の金額×人数ということにはならない。

24　相続税

（1）理解のポイント

イ　相続税租税条約等の動向

　OECDは、所得税租税条約のモデル条約とは別に、1966年に相続税租税条約草案を作成し、1982年に贈与税を加えたモデル相続税条約を制定して現在に至っている。

　上記のような国際的動向に対して、日本は、相続税租税条約の領域では他の国に比べて出遅れているという状態である。このような状況に至った理由としては、相続税租税条約における2つのポイントである「財産の所在地」と「二重課税排除」について、国内法で手当てができていたことから、相続税租税条約の役割を評価してこなかったという経緯がある。また、日本の富

裕層が国外財産を所有するようになった時期はバブル期ごろからであり、税務当局の対応が遅れたことも原因である。

日本の相続税法では、第10条に財産の所在、第20条の2に在外財産に対する相続税額の控除（贈与税については第21条の8）を規定している。特に後者の規定では、「相続又は遺贈によりこの法律の施行地外にある財産を取得した場合において、当該財産についてその地の法令により相続税に相当する税が課せられたときは、当該財産を取得した者については、第15条から前条までの規定により算出した金額からその課せられた税額に相当する金額を控除した金額をもつて、その納付すべき相続税額とする。」と規定されている。すなわち、相続税法における外国税額控除の規定である。

しかし、平成初期のいわゆるバブル期以降、日本の富裕層の国外財産の取得は進み、国際相続の分野でも専門書の需要が高まり、筆者も、平成21年に共著で『Q＆A国際相続の税務』（税務研究会）を出版した。平成26年には、筆者と親交のある酒井ひとみ弁護士他共著の『国際相続の法務と税務』（税務研究会、第2版：令和2年出版）が出版され、その後も国際相続の分野の書籍が多く出版されている。

このように、富裕層の海外への投資が増加するにつれて、租税回避の事例等も発生（「武富士事案」最高裁平成23年2月18日判決、「中央出版事案」最高裁平成26年7月15日に納税者の上告棄却・上告不受理を決定）し、平成29年度税制改正では、相続税等の租税回避防止の観点から規制が強化されている。

富裕層が海外へ資産を移転させる理由の1つには、相続税のない国が多いということが挙げられる。日本の周辺でも、香港、オーストラリア、シンガポール、マレーシア、中国等は相続税がない。

□　平成29年度の改正

相続税の租税回避のパターンの1つに、被相続人及び相続人の国外移住と財産の国外移転がある。そのため、相続人と被相続人がそれぞれ5年以上海外に居住している場合のみ、海外に存在する資産について、日本国内におけ

る相続税は非課税とする「5年ルールの規制」があったが、これが10年に延長された（相1の3）。

①　国内に住所を有しない者であって日本国籍を有する相続人等に係る相続税等の納税義務について、国外財産を課税対象外とする要件を、被相続人等及び相続人等が相続開始前10年以内のいずれの時においても国内に住所を有していたことがないことに改正された。

②　国内に住所を有しない者であって日本国籍を有しない相続人等が国内に住所を有しない者であって相続開始前10年以内に国内に住所を有していた被相続人等（日本国籍を有しない者であって一時的滞在をしていたものは除かれる。）から相続又は遺贈により取得した国外財産は、相続税の課税対象に加えられた。

要するに、国内に住所を有していない期間の基準が5年から10年に延長された。贈与税も同様である。

（2）事例（24－1）非居住者である相続人の場合の国外転出（相続）時課税制度の適用

（事例）

　日本居住者の相続では、国内所在の有価証券2億円相当と不動産3億円相当が相続財産となり、相続人は、非居住者であるAが有価証券を、同じく非居住者であるBが不動産を相続した。この場合の国外転出時課税制度の適用はどうなるのか。

結論

　相続人Aは、国外転出（相続）時課税制度の適用となり、準確定申告と納付が必要になる。相続人Bは、国外転出（相続）時課税制度が適用されないが、相続人として準確定申告と納付が必要になる。

1　国外転出（相続）時課税制度の概要と根拠規定

以下は、本事例の根拠規定である（所60の3①）。

（贈与等により非居住者に資産が移転した場合の譲渡所得等の特例）

第60条の3　居住者の有する有価証券等が、贈与、相続又は遺贈（以下この条において「贈与等」という。）により非居住者に移転した場合には、その居住者の事業所得の金額、譲渡所得の金額又は雑所得の金額の計算については、別段の定めがあるものを除き、その贈与等の時に、その時における価額に相当する金額により、当該有価証券等の譲渡があつたものとみなす。（第2項以下略）

国外転出（相続）時課税制度では、非居住者が含み益のある有価証券等が相続等により取得した場合、その相続対象資産について譲渡があったものとみなして所得税が課税される。

2　適用被相続人等

以下は、国外転出（相続）時課税の対象者である適用被相続人等についての規定である（所60の3⑤）。

① 贈与等の時に有している有価証券等並びに契約を締結している未決済信用取引等及び未決済デリバティブ取引の当該贈与等の時における有価証券等の価額に相当する金額並びに未決済信用取引等の第2項に規定する利益の額若しくは損失の額に相当する金額及び未決済デリバティブ取引の第3項に規定する利益の額若しくは損失の額に相当する金額の合計額が1億円以上である居住者

② 当該贈与等の日前10年以内に国内に住所若しくは居所を有していた期間として政令で定める期間の合計が5年を超えている居住者

3 相続対象資産の範囲

相続対象資産には、国外転出をする居住者が、その国外転出の時において有価証券又は内国法人に係る所得税の課税標準（所得税法第174条第9号）に規定する匿名組合契約の出資の持分等が該当する（所60の2①）。

4 準確定申告

国外転出（相続）時課税の申告をする場合、適用被相続人等の相続人は、相続があったことを知った日の翌日から4か月以内に準確定申告を行い、納税する必要がある（所125①）。

Ⅲ

International Tax Case Studies

法人の国際税務の
ケーススタディ

1 PE

（1）理解のポイント

イ　平成26年度改正

平成26年度税制改正により「総合主義から帰属主義へ」と変わり、外国法人課税が改正された。

（イ）PE帰属所得

平成26年度の税制改正では、外国法人が日本に有する恒久的施設（PE）に帰せられる所得（PE帰属所得）は、従来の国内事業所得に代えて国内源泉所得の１つとされた。『改正税法のすべて　平成26年版』（大蔵財務協会）の解説（同書676頁）によれば、「国内源泉所得を所得の人的帰属に着目して内国法人並みの課税範囲とされる恒久的施設帰属所得（PE帰属所得）と所得の地理的帰属に着目した課税範囲とされるそれ以外の国内源泉所得に区分し」（括弧内筆者）と説明している。従来の課税管轄に係る理論では、外国法人への課税は領土主権に基づくものであることから、その課税所得の範囲が、領土内の財産の所在あるいは所得の発生という意味での国内源泉所得とされてきたが、平成26年度改正では、内国法人並みに人的要素を重視することに見直されている。

（ロ）PE非帰属所得

日本にPEを有する外国法人のPE帰属所得以外の「その他の国内源泉所得」（以下「PE非帰属所得」という。）については、PE帰属所得とは分離して課税することとなり、後述する日本にPEを有しない外国法人（以下「Non-PE外国法人」という。）が得る国内源泉所得と同様の課税関係となる。改正前は、所得税法旧第138条第２号から11号までの所得が同条１号に規定のある所得よりも優先適用になっていたが、改正後では、この優先適用が廃止され、外国法人に対する法人税の課税標準に関して、PE帰属所得への該当性が優先されることになった。

（ハ）Non-PE外国法人の課税所得

国内源泉所得とされる国内資産譲渡所得の範囲については、国内不動産、国内不動産関連株式及び事業譲渡類似株式の譲渡所得等がこれに該当する。

（ニ）改正の趣旨

改正では、①PEの果たす機能及び事実関係に基づいて、外部取引、資産、リスク、資本をPEに帰属させ、②PEと本店等との内部取引を認識し、③その内部取引が独立企業間価格で行われたものとして、PE帰属所得を算定するアプローチ（Authorised OECD Approach：AOA）が採用されている。

（ホ）改正後の所得区分と課税方法

外国法人の課税関係を整理すると次表のとおりになり、総合課税される所得が2つに分かれることになった。

外国法人の区分	所得の区分		課税方法
日本にPEを有する外国法人	PE帰属所得	PEに帰属する事業所得	総合課税（Ⅰ型とする。）
	PE非帰属所得	国内資産譲渡所得等	総合課税（Ⅰ型とは別途計算するⅡ型とする。）
		本店が直接投資する利子、配当等	分離課税
Non-PE外国法人	国内資産譲渡所得等		総合課税
	本店が直接投資する利子、配当等		分離課税

（ヘ）国内源泉所得に係る改正

国内法を総合主義から帰属主義に見直すことで、従来は原則課税していなかったPEに帰属する国外源泉所得（PEが第三国の国債に投資して得た利子等）について「PE帰属所得」として総合課税し、PE非帰属の国内源泉所得をその他の国内源泉所得に区分している。

改正法では、PE帰属所得を国内源泉所得として定める一方、外国法人

のPE が本店所在地国以外の第三国で稼得し、課税を受けた所得がPE帰属所得として課税になることから、国際的二重課税を排除するために外国税額控除が設けられた。

ロ　平成30年度国際税務関連の改正事項

平成30年度の国際税務関連の改正は、BEPS行動計画の勧告を反映した内容である。

（イ）準備的補助的範囲に係る改正

改正前は、事務所等の場所が源泉地国に存在していても、その活動が商品の引渡しや購入という所定の準備的補助的活動に該当する場合はPEに認定されないことから、一部のIT通信業者は、PEの判定を人為的に回避してきたため、平成30年度にこの部分の改正が行われた（法令4の4④）。

すなわち、外国企業が、相当数の使用人を雇用し、製品の保管、引渡しのみを行うための巨大倉庫を保有して製品の保管・引渡しの活動を行うような場合、改正前の規定では、PE認定の例外に該当し、外国企業は国内にPEを有しないこととなっていたが、改正後は、倉庫を通じて行われる活動が事業の本質的な部分を構成している場合、PEと認定されることになった。なお、準備的補助的な性格のものでない活動の場合はPEと認定するように改められたことで、建設PE又は代理人PEを有する場合についても、同様の措置が講じられた（法令4の4④⑥⑦）。

（ロ）事業活動を細分化してPE認定の人為的回避を図る場合の防止措置の創設

事業を行う一定の場所を有する外国企業と「特殊の関係」にある者が当該一定の場所において事業活動を行う等の場合に、当該一定の場所等がその者のPEを構成する等の一定の要件に該当するとき（当該事業活動が一体的な業務の一部として補完的な機能を果たすときに限る。）は、PEに含まれる（法令4の4⑤）。すなわち、この場合には準備的補助的活動としてPEに含まれないものとされる取扱いは適用されない。

これは、外国企業が一定の場所及び他の場所で行う事業活動が一体的な

業務の一部として補完的な機能を果たしている場合には、各場所を一定の場所とみなしてPE認定を行うこととされたもので、建設PE又は代理人PEを有する場合についても、同様の措置が講じられている（法令4の4⑥⑦）。

上記の「特殊の関係」とは、一方の者が他方の者を直接又は間接に支配する関係、及び、二者が同一の者によって直接又は間接に支配される場合のその二者の関係をいう。いかなる場合にも、直接又は間接の持分割合が50％を超える場合は、支配・被支配の関係にあるものとされる（法令4の4⑨、法規3の4①）。

また、契約分割を通じて建設PE認定を人為的に回避することを防止する措置として、契約を分割することで建設PEの認定要件を人為的に回避することを防止するために、契約分割を通じたPE認定の人為的回避防止措置として主要目的テスト（Principal Purpose Test：PPT）が創設され、建設PEの期間要件について、契約を分割して建設工事等の期間を1年以下とすることにより建設PEを構成しないことがその契約分割の主たる目的の1つである場合は、分割された期間を合計して判定することとなった（法令4の4③）。

(ハ) 代理人PEの定義の見直し

PEとされる従属代理人について、この要件を外すために、外国企業自身が所有し、又は使用の権利を有する財産について、所有権を移転し、又は使用の権利を与えるための契約（コミッショネア契約）、及び、外国企業による役務提供のための契約を代理人が行った場合（サービスPE）もPEを認定することとなった。また、外国企業によって重要な修正が行われることなく日常的に締結される契約のために反復して主要な役割を果たす者も、PEと認定されることとなった。すなわち、PEとされる代理人の活動に、外国企業の資産の所有権の移転等に関する契約の締結を含め、また、契約締結につながる主要な役割を果たすことが追加された（法令4の4⑦）。

（二）PE置換え規定の創設

　PEの定義については、租税条約に規定するPEの範囲が国内法の規定よりも広い場合の適用関係について明確な規定がなかったが、改正法により、日本が締結した租税条約において、国内法上のPEと異なる定めがある場合には、租税条約におけるPEに係る定め（国内にあるものに限る。）を国内法上のPEとすることとされた（法２十二の十九）。

（２）事例（１－１）PEのない外国法人の株式譲渡損益の通算

（事例）

　A社は日本にPEを有しないX国法人であり、日本に100％子会社の甲社及び乙社を有していた。このたび、当該日本子会社の株式の全部を他のX国法人B社へ譲渡したが、甲社株式については譲渡益が生じ、乙社株式については譲渡損が生じた。当該株式はX国のA社本店に保管され、X国内で譲渡されている。この取引はいわゆる事業譲渡類似株式の譲渡となり、日本で申告納税する必要があると認識しているが、その税額計算において、甲社株式の譲渡益と乙社株式の譲渡損の通算をすることは可能か。

結論

　甲社株式及び乙社株式の譲渡損益を通算したところで国内源泉所得の金額を計算することになる。

解説

1　事業譲渡類似株式に対する課税

　国内に恒久的施設を有さない外国法人が、内国法人の株式の譲渡をした場合は原則として日本における課税は生じない（法141二）。しかし、当該株式の譲渡が株式の買い集め等によるものである場合のほか、当該内国法人の特殊関係株主等である外国法人が当該内国法人の株式を譲渡したときに、次の

要件を満たす場合には、法人税の申告義務がある（法令178①四ロ、⑥）。

(1) 25%基準

譲渡事業年度終了の日以前3年内のいずれかの時において、その内国法人の特殊関係株主等がその内国法人の発行済株式の総数又は出資金額の25%以上に相当する数又は金額の株式又は出資を所有していたこと。

(2) 5%基準

譲渡事業年度において、当該外国法人を含むその内国法人の特殊関係株主等がその内国法人の発行済株式の総数又は出資金額の5%（当該事業年度が1年に満たない場合には、5%に当該事業年度の月数を乗じたものを12で除して計算した割合）以上に相当する数又は金額の株式又は出資の譲渡をしたこと。

2 PEを有さない外国法人の国内源泉所得

PEを有さない外国法人の課税標準は、法人税法第138条に掲げる国内源泉所得のうち、国内にある資産の運用若しくは保有又は国内にある不動産の譲渡により生ずるものその他政令で定めるものとされている。そして、その政令である法人税法施行令第178条において、上記の事業譲渡類似株式の譲渡が規定されている。

昭和37年の法人税法改正において、「この法律の施行地にある資産の所得で、左に掲げる所得以外のものに対しては、各事業年度の所得に対する法人税は、これを課さない。」と規定され、この中でいわゆる事業譲渡類似株式の譲渡が左に掲げられ非課税所得から除かれている。すなわち、物理的保管場所を問うことなく、事業譲渡類似株式は、この法律の施行地にある資産とされている。

法人税法の規定（法138②③）では「国内にある資産の運用若しくは保有又は国内にある不動産の譲渡により生ずるものその他政令で定めるもの」という表現になってはいるが、規定創設以来その趣旨は、国内にある資産のうち、特定のものを課税標準とするということを定めたものであり、ここにおいて取り込まれることとなる事業譲渡類似株式は、内国法人の株式という

点が重視されて国内にある資産とみなされていると解釈するのが合理的である。

　以上のことから、事業譲渡類似株式は国内にある資産とみなされているので、その所得計算においては、その損失が生じている場合にはこれを損金とすることができるのであり、他に事業譲渡類似株式の譲渡益がある場合には、これと通算できることとなる。

（3）事例（1－2）外国法人が日本における事業形態を支店形態から子会社形態に変更する場合の課税関係

（事例）

　米国法人A社は、日本に支店（PE）を有している。A社は、今回この支店を日本法人に変更することとなり、その変更の方法について検討中である。1つの案は、現在の日本支店の事業のすべてを新たに設立する日本法人に営業譲渡の方式で移転させるもの、他の案は、日本支店を閉鎖し、その後に新たに日本法人を設立して事業を再開する方式である。

　A社としては、できれば、上記の日本支店閉鎖方式を採りたいと考えているが、その理由は、営業譲渡方式を採った場合には、日本支店の有する日本の土地及び日本法人の株式の含み益がすべて実現して課税の対象とされるのに対し、支店閉鎖方式を採った場合には、日本支店の有する日本の土地及び日本法人の株式の含み益についての実現が回避され、課税が避けられると判断したからである。A社のこのような判断に誤りはないか。

結論

　平成26年度税制改正により帰属主義が導入される前であれば、A社の判断は正しいことになるが、改正後では、恒久的施設を閉鎖した事業年度に恒久的施設帰属所得として課税になる。

解説

1　営業譲渡方式における課税関係

　法人税法上営業譲渡に関する特別の規定は存しないことから、営業譲渡の対象とされた個々の資産等の譲渡損益をベースに課税所得が算定される。したがって、A社支店が有する土地及び株式が営業譲渡の対象とされるのであれば、それぞれの資産が有する含み益は譲渡益として課税の対象とされる。この場合、税務上のこれら資産の譲渡対価は、時価によることとなる。

2　平成26年度改正後の処理

　平成26年度改正により、法人税法第142条の8に、外国法人がPEを有しないこととなった場合、PE閉鎖事業年度終了の時にPEに帰せられる資産の評価益又は評価損は、当該外国法人の当該PE閉鎖事業年度のPE帰属所得に係る所得の金額の計算上、益金の額又は損金の額に算入する、という規定が創設された。

3　日米租税条約の適用

　日米租税条約第13条（譲渡収益）第4項では、不動産を除くPEの事業用資産の譲渡収益は源泉地国課税と規定されている。

（4）事例（1－3）外国の宗教法人がわが国に事務所を設置した場合のPE該当の有無とその課税関係

（事例）

　米国の宗教法人Aは、日本に事務所を設け日本においてその宗教の布教活動を行うこととした。Aはいずれ、日本の法令に基づく宗教法人としての地位を得たいと考えているが、それまでの間、各方面からの資金又は資産の寄贈を受けるために教宣活動を行い日本での活動の基礎づくりを行う方針である。この場合、日本に設置された事務所は税務上PEとされ、Aに対して寄贈された金銭及び資産は日本において課税の対象

とされるのか。

結論

　宗教法人AについてはPEの有無にかかわらず法人税が課されることになるものと考える。

解説

　外国の公益法人は、その国においては、公益法人としてのステータスに基づいて課税の軽減・免税の措置が講じられている。これら外国の公益法人に対するわが国での課税については、その外国法人が所得税法別表第一第2号又は法人税法別表第一第2号若しくは同法別表第二第2号の規定に基づいて財務大臣により、公共法人又は公益法人の指定を受けない限り、一般の外国法人の場合と同様の課税が行われることとなる。

　宗教法人Aは米国法人であることから、日米租税条約の規定が適用され、同条約第5条(PE)の規定に基づいてPEの有無が判定される。同条において、PEとは事業(産業又は商業上の活動)を行う一定の場所をいうと定義されているので、Aの日本における活動が産業又は商業上の活動に該当するか否かの問題となる。

　宗教法人であってもその行う事業のうち、いわゆる収益事業に該当するものは、わが国の国内法上課税の対象になるので、少なくとも収益事業に該当する活動は条約上の産業上又は商業上の活動に該当するものと解することができる。

　本事例の場合の収益は、宗教活動のための寄付等による金銭又は経済的利益となるが、これらの収益は、法人税法施行令第180条(国内に源泉がある所得)第2号及び第5号の規定により国内源泉所得に該当することとなる。日米租税条約においては、このような所得についての課税関係を定めていないことから、これらの所得についての課税は国内法の規定によることになる。

（5）事例（1－4）支店閉鎖に伴う資産の処分に係る課税関係

（事例）

　当社は医薬品の販売を営むドイツ法人で、このたび日本支店は、同支店を閉鎖し日本から撤退することとなった。この日本支店の閉鎖に先立って日本支店の有する主要な資産（店舗として使用していた土地、建物、株式、設備等を含む。）をすべてドイツ本店に移行した。当社としては日本支店閉鎖後に、これらの資産の譲受人があればこれをすべて売却する予定である。このような場合、これらの主要な資産の譲渡損益について日本の課税はどうなるのか。

結論

　日本にPEがある場合とない場合で課税関係は次のように異なる。

1　日本にPEがない場合

　日独租税条約第13条（譲渡収益）第5項は、「1から4までに規定する財産以外の財産の譲渡から生ずる収益に対しては、譲渡者が居住者とされる締約国においてのみ租税を課することができる。」として原則居住地国課税である。

　土地・建物の譲渡益は法人税の課税対象となる。また、この土地・建物の譲渡については、原則としてその譲渡対価を受領する際に10.21％の税率による源泉徴収課税が行われ、源泉徴収税額は法人税額から控除される。

　また、株式、設備等については、その譲渡益に対する課税がないことから、これらの資産について譲渡損が生じた場合であっても、上記の不動産の譲渡益からその譲渡損相当額の控除はできないものと解される。

2　日本にPEがある場合

　日独租税条約第13条第3項の規定では、源泉地国所在のPEの事業用資産の譲渡益は、同国で課税と規定されている。なお、この場合は、株式、設備等の譲渡損益も課税の対象となることから、これらの資産につき譲渡損が生

じた場合には、不動産に係る譲渡益からこの譲渡損相当額の控除ができることになる。また、PEが存在している間に行った資産の譲渡益については法人住民税が課されることになる。

3　国内法の規定

　平成26年度改正により、法人税法第142条の8に、外国法人が恒久的施設を有しないこととなった所定の場合には、恒久的施設閉鎖事業年度終了の時に恒久的施設に帰せられる資産の評価益又は評価損は、当該外国法人の当該恒久的施設閉鎖事業年度の恒久的施設帰属所得に係る所得の金額の計算上、益金の額又は損金の額に算入するという規定が創設された。

2　外国子会社合算税制

（1）理解のポイント

イ　外国子会社合算税制の沿革

　外国子会社合算税制は、同税制の抜け道を利用した租税回避事件に何度も遭遇し、そのたびに改正を繰り返した歴史がある。大きな改正となったのは次の4つである。

① 　創設当時の軽課税国等の指定制度

② 　トリガー税率（25％➡20％）

③ 　トリガー税率の廃止（平成29年度改正）

④ 　令和5年度改正（Ⅱ16（1）ロ④（91頁）を参照）

ロ　平成29年度税制改正による見直し

（イ）合算対象とされる外国法人の判定方法等

　　合算対象の判定方法の改正は次のとおりである。

　① 　外国関係会社の判定が従前の掛け算方式から連鎖方式に変更された。

　② 　居住者又は内国法人が外国法人の概ねすべての残余財産を保有する場

合等も、外国法人との間に実質支配関係のあるものとして外国関係会社の範囲に加えられ、その居住者又は内国法人が本税制による合算課税の対象となる者に加えられた。

③ トリガー税率が廃止された。

(ロ) 合算税制の適用関係

合算税制の適用関係はまとめると次のとおりである。

① 経済活動基準を満たす場合➡租税負担率（20％未満）➡受動的所得の合算課税

② 経済活動基準を満たさない場合➡租税負担率（20％未満）➡会社単位合算課税

③ ペーパーカンパニー、事実上のキャッシュボックス、ブラック・リスト国所在➡租税負担率（30％未満）➡会社単位合算課税

④ 租税負担率（30％以上）➡合算課税免除

(ハ) 特定の外国関係会社に係る会社単位の合算課税制度

a 会社単位の合算税制適用となる外国関係会社

次に掲げる要件のいずれも満たさない外国関係会社（ペーパーカンパニー）は、会社単位の合算課税の対象となる。

① その主たる事業を行うに必要と認められる事務所等の固定施設を有していること

② その本店所在地国においてその事業の管理、支配及び運営を自ら行っていること

なお、国税職員が内国法人にその外国関係会社が上記①又は②の要件を満たすことを明らかにする書類等の提出等を求めた場合、期限までにその提出等がないときは、その外国関係会社は上記①又は②に掲げる要件を満たさないものと推定することになる。

b キャッシュボックスに該当

キャッシュボックスは、総資産に占める受動的所得の割合が高い事業体を指す用語であるが、その要件は次のとおりである。

① 総資産の額に対する一定の受動的所得の金額の合計額の割合が

　　　　30％を超える外国関係会社、かつ、

　　②　総資産の額に対する有価証券、貸付金、貸付の用に供している固
　　　定資産及び無形資産等の合計額の割合が50％を超える外国関係会社
　c　ブラック・リスト国所在の外国関係会社
　　　ブラック・リスト国所在の外国関係会社とは、租税に関する情報の
　　交換に非協力的な国又は地域として財務大臣が指定する国又は地域に
　　本店等を有する外国関係会社のことである。

（二）適用免除

　　上記に掲げる外国関係会社の当該事業年度の租税負担割合が30％（令和
　5年度改正で27％）以上である場合には、会社単位の合算課税の適用が免
　除される。

（ホ）会社単位の合算課税制度の適用除外基準

　　適用除外基準は、その名称が経済活動基準に改められ、次の4つの経済
　活動基準のうちいずれかを満たさない外国関係会社について、会社単位の
　合算課税の対象とされる。

　①　事業基準

　②　実体基準

　③　管理支配基準

　④　所在地国基準又は非関連者基準

（ヘ）経済活動基準を満たすことを明らかにする書類等の提出等がない場合の推定

　　国税当局の職員が内国法人にその外国関係会社が経済活動基準を充足す
　ることを明らかにする書類等の提出等を求めた場合、期限までにその提出
　等がないときは、その外国関係会社は経済活動基準を満たさないものと推
　定される。

（ト）一定所得の部分合算課税制度

　　平成29年度改正前では、所得事業基準あるいはデミニマス基準（「少額
　所得除外基準」ともいい、資産性所得の収入金額が1,000万円以下の場合、
　又は資産性所得が特定外国子会社等の税引前所得の5％相当額以下の場合

は適用が免除される。）を除いて、平成22年度導入の資産性所得課税制度（部分課税対象金額の益金算入制度の創設）の範囲が配当、利子、使用料まで拡大されるとともに、デミニマス基準の収入金額基準が1,000万円以下から2,000万円以下に引き上げられた。

（2）事例（2−1）外国子会社合算税制における租税負担割合と非課税所得

(事例)

内国法人甲社（3月決算）は、A国に100％子会社乙社（12月決算）を有している。

A国の法人税の法定税率は24％であるが、乙社の前期（平成29年1月1日〜平成29年12月31日事業年度）決算時に、同期の乙社法人税申告所得・税額の見積りをA国の会計事務所に依頼したところ、同期に発生した株式配当・株式譲渡益・為替差益が、A国税法上は課税所得に算入されないことが判明した。前期の乙社課税所得・税額は下記のとおりである。甲社の平成30年3月期（平成29年4月1日〜平成30年3月31日事業年度）の法人税申告をする上で、外国子会社合算税制上、子会社乙社は会社単位の合算課税の対象となるのか。

＜A国申告所得、納付税額見込額（単位：A国通貨）＞

申告所得　　1,000万

納付見込額　240万

＜A国課税所得に算入されない金額（単位：A国通貨）＞

① 株式配当の受取額　　　　　　　　　100万

② 株式譲渡益（第三者への現金譲渡）　300万

③ 為替差益　　　　　　　　　　　　　200万

乙社の会計帳簿作成に使用している通貨（機能通貨）は、A国通貨である。期首に乙社は米ドル建変動金利借入を行ったが、米ドル金利の上昇が見込まれたことから、期中にA国通貨で米ドルを購入して、当該米

ドル建借入金を一括返済している。借入時と返済時の為替相場の変動により、為替差益が実現した。

結論

乙社（平成29年12月期）の租税負担割合は20％未満となるため、乙社が当該年度において適用除外要件を充たさない場合には、特定外国子会社等として、甲社の平成30年3月期の法人税申告において会社単位の合算課税を受けることになる。

解説

平成29年度税制改正では、外国子会社合算税制に関して大きな改正が行われたが、改正法は外国関係会社の平成30年4月1日以後に開始する事業年度から適用されるものであるため、事例の外国子会社乙社の平成29年12月期に対しては、改正前の旧制度が適用される。

1　平成29年度改正前の制度における特定外国子会社等と租税負担割合

改正前の制度において、会社単位の合算課税の対象となる特定外国子会社等とは、外国関係会社のうち、次に掲げるものとされていた（旧措令39の14①）。

①　法人の所得に対して課される税が存在しない国・地域に本店等を有するもの

②　各事業年度の租税負担割合が20％未満のもの

上記の①又は②に該当する外国関係会社は、適用除外の要件（事業基準、実体基準、管理支配基準、非関連者基準・所在地国基準）を充たしていない限り、会社単位の合算課税の対象となる。

2　事例における非課税所得と租税負担割合

事例のA国乙社の前期（平成29年12月期）におけるA国の課税標準に算入されない3項目について検討する。

＜租税負担割合の算定＞

　乙社の①株式配当受領額100万（A国通貨）は、租税負担割合の分母となる非課税所得に算入されないが、②株式売却益300万、③為替差益200万は、分母に算入すべき非課税所得に該当すると考えられるため、乙社の租税負担割合は次のようになる。

$$\frac{\text{外国法人税240万}}{\text{本店所在地国の所得金額1,000万} + \text{非課税所得（300万} + \text{200万）}} = 16\%$$

（3）グローバルミニマム税の出現

　米国は2021年4月に、法人税率の21％から28％への引上げとともに、米国企業の海外子会社がタックスヘイブンを利用して税負担の軽減を図っていることから、最低税率を21％とするグルーバルミニマム税（GMT）を導入することを公表した。米国は、G20財務相・中央銀行総裁会議にGMT案を持ち込み、関係各国の合意を得て、最終的には15％と決定した。この税制は、わが国では令和5年度税制改正により導入された。例えば、内国法人がシンガポール（法人税率17％）に子会社を有しているとすると、シンガポールにおいて投資に係る税制上の優遇措置を受けていることもある。優遇措置により税率が10％となっていると、日本では、11％を上乗せするのか、4％を上乗せするのかということになる。タックススペアリングの論理を使えば、シンガポールで優遇された7％相当額を日本が上乗せするのではなく、4％だけ上乗せすることになるが、投資先の国の優遇税制によりGMTの効果が半減することにもなる。

3　移転価格税制

（1）理解のポイント

　昭和61年度の移転価格税制導入後の主たる改正の動向は次のとおりである。

平成３年	①　移転価格税制に係る更正決定及び加算税の賦課決定の期間制限が３年から６年に延長された。 ②　質問検査権を比較対象企業に拡大した。 ③　国外関連者への寄附金を全額損金不算入とした。
平成13年	移転価格事務運営要領が制定された。以後平成14、17、18、19、20、22、25、28年にそれぞれ改正され、28年改正後の内容は次のとおりである。 第１章　定義及び基本方針 第２章　国別報告事項、事業概況報告事項及びローカルファイル 第３章　調査 第４章　独立企業間価格の算定等における留意点 第５章　国外移転所得金額等の取扱い 第６章　事前確認
平成16年	独立企業間価格の算定方法に取引単位営業利益法の追加
平成23年	①　独立企業間価格の算定方法の優先順位の見直しが行われた。 ②　利益分割法である、比較利益分割法、寄与度利益分割法、残余利益分割法の明確化が図られた。
平成25年	取引単位営業利益法により独立企業間価格を算定する際の利益水準指標に営業費用売上総利益率（ベリー比）が追加された。
平成26年	①　第三者介在取引の見直し ②　納税の猶予等の改正
平成28年	BEPS行動計画13にある文書化制度の整備が行われた。
令和元年	独立企業間価格の算定方法として、OECD移転価格ガイドラインにおいて比較対象取引が特定できない無形資産取引等に対する価格算定方法として有用性が認められているディスカウント・キャッシュ・フロー法（DCF法）が加えられた。

（２）事例（３－１）国外関連者への役務提供は５％のマークアップが必要なのか（移転価格事務運営要領の改正）

（事例）

甲社は、製造業を業とする内国法人で、アジアを中心に製造及び販売拠点を展開し、それぞれの現地法人は甲社が100％出資する現地法人である。甲社は、それらの国外関連会社を管理するために国際部を有して

いる。平成30年2月に移転価格事務運営要領が改正されたが、甲社に
とってどのような影響があるのか。

　バックオフィス業務についても、総原価をそのまま国外関連者に請求して
いたものが、平成30年度の移転価格事務運営要領の改正により総原価に5%
の利益を加算したところで請求しなければならないことが明確化された。

1　移転価格事務運営指針の位置づけ

　移転価格事務運営指針は、正式には、「移転価格事務運営要領の制定につ
いて（事務運営指針）」といい、移転価格税制の執行の全般についての取扱
いを定めたものである。国税庁長官から各国税局長宛てに、「標題のことに
ついて、別添のとおり定めたから、これにより適切に実施されたい。」と記
されているとおり、本来は、課税当局の職員の事務運営上の指針を示したも
のであるが、他方、この事務運営指針を遵守していれば、税務調査の段階で
は、当該職員等の調査が要求している水準を満たしていることとされるため、
非違等の指摘を受けないものと解されている。したがって、当該事務運営指
針を遵守することは、税務職員だけでなく納税義務者にとっても重要なもの
となる。

　また、別冊として「移転価格税制の適用に当たっての参考事例集」が作成
されており、事例1から事例31までの各種の事例で当局の考え方が示されて
いる。また様式集として、移転価格関係の各種の届出書も紹介されている。

2　改正の内容

　平成30年度の改正で注意すべきポイントは、次のとおりである。

(1) 役務提供の独立企業間価格

　役務提供に要した費用に5%を乗じた金額を加算した金額を対価として
いるときは、その対価の額を独立企業間価格として取り扱うこととなった

（事務運営指針3－11（1））。この簡易な方法は、国外関連者を管理している国際部等の役割が国外関連者のバックオフィス業務を分担している場合を想定しており、サービス業そのものとして付加価値の高い業務をしている場合、例えば、コンサルタント業務は、当然、この取扱いの適用はないことになる。なお、事務運営指針3－11（2）の「本来業務に付随して行われた」役務提供については、平成30年度の改正においても、5％のマークアップは求められていない。

(2) 株主活動の明確化

　内部統制報告制度の対応として親会社がもっぱら自らのために国外関連者の株主又は出資者として、その財務報告に係る内部統制を行う場合又は銀行規則に係るガバナンス活動を行う場合は、株主活動に該当することが明確化された（事務運営指針3－10（3）ト）。

(3) 事前確認の申し出との関係

　事務運営指針3－23（3）では、「事前確認に係る手続が行われている間は、確認対象年度に係る申告の内容については調査を行わない。」とされているが、これは、①当該法人が事前確認の申出の取下げを行うまでの間、②所轄税務署長が当該法人に対して事前確認を行う旨を通知するまでの間、及び③所轄税務署長が当該法人に対して事前確認を行うことができない旨を通知するまでの間をいうこととされている（事務運営指針3－23（3））。

　事前確認の実績のない国との事前確認には相当の期間を要しており、事前確認に係る手続の見直しが行われ、事前確認の申出について申出の提出期限の翌日から3年を経過しても相手国において申出が収受されていない場合は、申出の取下げ又は相互協議を伴わない事前確認のいずれかを選択するのか法人から聴取し、聴取の日の翌日から3か月を経過するまでに法人から回答がない場合には、事前確認を行うことができない旨の通知を行うこととなっていた。しかし、この場合、通知後は事前確認にかかわる手続が行われていないことになるので、当該法人の確認対象事業年度とされていた各事業年度に係る申告について、調査が行われる可能性があること

が明確化された。

3 今後の方向性

　平成30年度の改正によりバックオフィス業務を専門とする企業の営業利益率が5％であることになった。改正当時、多くの日本企業の本業でも営業利益率が5％に達しない企業が大半であることを考慮すると、過大なマークアップ率であるともいえる。

　また、国外関連者が日本の親会社等によって国内で立替払いした資金を日本の親会社等へ海外送金する際、現地の外貨規制を受けて、税務当局からなかなか送金の許可を得られていない現状を考えると、当分の間、関係各国との間で軋轢が生じる可能性が予測される。

（3）事例（3－2）転換社債による資金調達を原資として海外現地法人に貸し付けた場合の独立企業間利率

（事例）

　内国法人甲社は、米国に現地法人乙社（甲社が100％出資）がある。乙社では、現地での資金調達が困難であることから、設備資金として甲社からの借入れを求めているが、甲社は無借金経営で自己資金を潤沢に有しており、ここ数年外部からの借入れはなく、現在資金調達環境が良好なため、無利息となる円建ての転換社債を国外で発行して得た資金を乙社にそのまま貸し付ける予定である。転換社債によって調達する資金に対する利払いはなく、無利息で調達できることから、乙社への円貨での貸付にあたっても、無利息で貸し付けることとして問題はないか。なお、甲社及び乙社とも、主として金銭の貸付けを業とする法人でなく、転換社債の発行に当たっては、格付会社からトリプルBの格付を得ている。

　甲社及び乙社とも主として金銭の貸付けを業としない法人であるため、事務運営要領に基づいて独立企業間利率を算定することとなるが、乙社に対する金利は、甲社の格付であるトリプルＢの企業が国内の金融機関から調達したときに、貸借時期、貸借期間等が同様の状況の下で借り入れたとした場合に通常付されたであろう円金利によって貸し付けなければならない。

1　国内法の規定

　金銭の貸付けについても、棚卸資産の売買の場合と同種の手法を用いて独立企業間利率を算定することとされている。特殊関連企業間で金銭の貸付けが行われた場合、非関連者間において同様の金銭の貸付けについて利率が付されているのであれば、同様の利率を付す必要がある。

2　転換社債を資金原資とする調達の意義

　転換社債とは、社債権者の請求により所定の条件の下で、発行会社の株式に転換する権利（転換権利）が付与された社債である。転換社債を普通社債と株式に対するコール・オプションの合成としてとらえて評価し、発行コストの見積りを算定する方法がある。これによれば、転換社債の購入者にとって無利息というのは、表面上の利息が付されていないだけで、普通社債の価値（当然利付のものになる。）とコール・オプションの価格（プレミアム）を合計した価値を算定したところで、無利息の転換社債を購入したものと考えられる。期限を有するコール・オプションの価格は正の価値を有することから、それに見合う利息の機会を逸しても実質的に価値のあるものと投資家が判断し、実質的に無利息の転換社債が実現したものと思われる。

　したがって、ここでは表面上無利息となっているが、それは株式への転換権があるため、無利息に見えるもので、その株式への転換権を分離したところで、普通社債のあるべき利息が算定されることになる。

3　通達及び移転価格事務運営要領による金銭の貸借取引の取扱い

(1) 本則

　金銭の貸借取引について独立価格比準法と同等の方法又は原価基準法と同等の方法を適用する場合には、比較対象取引に係る通貨が国外関連取引に係る通貨と同一であり、かつ、比較対象取引における貸借時期、貸借期間、金利の設定方式、利払方法、借手の信用力、担保及び保証の有無その他の利率に影響を与える諸要因が国外関連取引と同様であることを要することとされている（措通66の4（8）—5）。

(2) 金銭の貸付けを業としない法人（平成4年7月1日前に開始する事業年度）

　法人及び国外関連者がともに主として金銭の貸付け等を業としない法人の場合、租税特別措置法通達66の4（8）—5が適用できないときは、次により計算した利率を独立企業間の利率として、当該貸付け又は借入れに付された利率の適否を検討することとされている。

① 　国外関連取引の貸手（本件では甲社）が、非関連者である銀行等から通貨、貸借時期、貸借期間等を同様の状況の下で借り入れたとした場合に通常付されたであろう利率

② 　国外関連取引に係る資金について、当該国外関連取引と通貨、取引時期、期間等を同様の状況の下で国債等により運用するとした場合に得られたであろう利率（①に掲げる利率を用いることができる場合を除く。）

　なお、①に掲げる利率を適用する場合においては、国外関連取引の貸手における銀行等からの実際の借入れが、①で規定する同様の状況の下での借入れに該当するときには、当該国外関連取引とひも付き関係にあるかどうかを問わないこととされている（旧事務運営要領3-7）。

(3) 事務運営要領を適用する際の留意点（平成4年7月1日前に開始する事業年度）

　金銭の貸付け等を業としない法人の場合、ほとんどすべてのケースでは、上記の①が適用されるものと想定されている。日本において金融機関との関係が一切ない企業が想定されていないからのようである。本件でも、甲

社は、外部の金融機関からの間接金融による資金調達がないものの、格付機関からトリプルＢの格付を得ている。通常、トリプルＢの格付を得ている企業の調達金利というものが想定されるので、結局、①のケースに該当するものといえる。そもそも事務運営要領では、調達資金と貸付資金とのひも付き関係の有無を問題としていないことから、かえって、その格付をもとに、あるべき調達金利を想定したところで、独立企業間利率を算定することを求めているものと考えられる。

⑷ 金銭の貸付けを業としない法人（平成4年7月1日以後に開始する事業年度）

　事務運営指針の改正により、上記⑵の扱い、すなわち、貸手（本件では甲社）の調達金利を使うことができなくなり、本来の、借手の調達金利によることになった。

　新事務運営指針の3－7及び3－8により借手の独立企業間金利を算定しなければならないが、事務運営指針だけでは具体的な調達金利を算出できない。

　現地子会社である乙社の信用格付がわからず、スプレッドもわからないことから、具体的に独立企業間利率をどのように決めたらいいのかわからないことになる。

　そこで、乙社の独立企業間利率は、次のとおり算定することになると考える。

　前提としての事実は、次のとおりである。

①　借手である現地子会社（乙社）は、信用格付を取得していない。

②　貸手である甲社は信用格付のトリプルビーを取得している。

③　乙社は、現地での資金の調達が困難である。

④　乙社は、現地での資金調達が困難であるが、法人税基本通達9―4―2（子会社等を再建する場合の無利息貸付け等）の適用がある金銭の貸付けには該当していない。

　以上により、甲社は信用格付を取得していて、少なくとも、乙社より信用格付はよいものといえる。

　一方、現地子会社は、現地での知名度等から現地での資金調達が困難だが、通達の無利息貸付が可能な場合に該当しない。

　そうすると、乙社の信用格付は、デフォルト状態の格付からはほど遠いものの、甲社の信用格付よりは低い程度と認めるのが相当である。

　よって、乙社の信用格付は、甲社のトリプルビーに若干のスプレッド（利益）を加算したところを調達金利と考えるのが相当といえよう。

　金融取引に係る事務運営指針が改訂されて、貸付を業としていない法人が貸手の金利をダイレクトに使うことができなくなり、金利の策定が困難さを増したものといえよう。

（4）事例（3－3）海外子会社への出向者に係る給与較差補填金と移転価格税制及び寄附金課税の適用関係

（事例）

　日本法人甲社（機械等の製造販売業）は、従業員数名をA国に設立した100％出資の海外子会社（甲社と同業）に出向させているが、現地における給与水準が当社の給与水準より相当に低いことから、以下の費用を支給し、かつ、負担している。出向期間は2年から5年程度である。甲社が留守宅手当として支給するものは、次のとおりである。

　①海外別居手当（単身赴任者に限る。）、②単身赴任者の現地住宅手当、③日本の社会保険料（社員負担分）。また、その他の各種手当として、④子息の現地教育費、⑤ハードシップ手当が支給されている。

　なお、海外子会社は、当該子会社の給与規定に基づいて、現地水準の給与を現地通貨により、直接出向者に支払っている。上記の甲社による費用負担について、移転価格税制、あるいは海外子会社に対する寄附金課税の適用対象となるのか。また、留守宅手当とその他の各種手当の税務取扱いに、違いがあるのか。さらに、甲社が出向者に支給する手当について、出向者に対する日本の所得税の課税はどのようになるのか。出向者のうち営業担当者は、年に数回ほど日本国内にある子会社の売上先

を訪問することがある。

結論

1　給与較差補填金に対する寄附金課税の検討

(1) 出向元法人が負担する給与に合理性がない場合

　出向者に対する給与は、本来、出向者から労務の提供を受ける出向先法人がその全額を負担すべきものである。出向先法人が、出向社員に対する給与を全額負担するならば、法人税法上の問題は生じない。しかし、出向元法人が、合理的な理由なく、その全部あるいは一部を負担する場合は、出向先法人が負担すべき人件費を、出向元法人から出向先法人に贈与したものとされ寄附金課税を受けることとなる。甲社が発行済株式総数の50%以上を保有する海外子会社は国外関連者に該当するが、国外関連者に対する寄附金は全額が損金不算入となる。

(2) 出向元法人が支給する給与条件の較差補填金

　出向期間中も出向者との雇用関係が継続していることにより出向元法人が保証すべき給与・手当である限り、出向先法人が負担すべき金額を超える部分については出向元法人の負担となる。すなわち、その出向者の労務が海外子会社に提供されていても、海外子会社との給与較差については、その負担を当然に子会社に強制できる性質のものではなく、子会社において負担し得ない事情があれば、甲社と出向者との間の雇用契約に基づいて、甲社が負担しなければならないのであり、単なる贈与的性格のものではない。

　したがって、海外子会社から、当該子会社が負担すべき金額の支払を受けている限りは、甲社が海外子会社との給与条件の較差を補填するために負担する給与は贈与に当たらず、甲社の損金に算入することができる（法基通9－2－47）。甲社が支給している給与手当については、このような要件を満たす限り、寄附金課税の問題は生じないものと考える。

2　留守宅手当と給与較差補塡の関係

　留守宅手当は、出向先が海外にあるため、出向元法人が支給するものとされている（法基通9－2－47（注）2）。しかし、基本通達では、留守宅手当の具体的内容は示されていない。一般には、家族が日本に残る場合、二重生活による生活費の増加分に対応するために支給される手当や、単身者あるいは家族帯同で出向した場合でも日本の社会保険料負担が継続するときは、その補塡のために支給する手当が、留守宅手当といわれているようである。出向社員が希望する金額を留守宅手当として国内で支給するケースも少なくないと思われるが、基本通達にいう「留守宅手当」は、給与較差の補塡と認められるものであることから、単なる国内支払額をいうのではなく、海外子会社に負担を強いることができないもので、出向者との雇用関係が維持されていることにより、出向元法人においてこれを支給しなければならないという性質のものに限定されると解すべきである。

3　出向中に一時帰国した場合の課税関係

⑴　日本と租税条約を締結していない国に出向した場合（租税条約に短期滞在者免税の規定がない場合を含む。）

　出向者が勤務目的で一時帰国した場合、出向者に対して甲社及び海外子会社が支払う給与の総額に日本における滞在日数が支給対象期間に占める割合を乗じた金額に、所得税が課される。甲社は、この課税対象額のうち国内で支払う金額に対して、非居住者に対する源泉分離所得税率20.42％（臨時特別税0.42％を含む。）を乗じた税額を徴収し、支給日の翌月10日までに納付することになる（所212①、213①）。課税対象額のうち海外子会社が出向者に支払う金額については、勤務目的で帰国した場合に限り、出向者自身が確定申告をして、課税対象額に20.42％を乗じた税額を納付することとなる（所172）。

⑵　日本と短期滞在者免税の規定がある租税条約を締結している国に出向した場合

　出向者が一時帰国した場合、出向先の国が日本と租税条約を締結して短

期滞在者について滞在地国の課税を免除する規定を置いている場合であっても、日本国内で支払われる金額については免税にならない。したがって、出向者に対して甲社が支払う金額に日本における滞在日数が支給対象期間に占める割合を乗じた金額に、所得税が課される。源泉所得税の計算及び納付方法は、(1)と同じである。

　国外で支払われる給与については、租税条約の短期滞在者免税の規定により、日本滞在日数が183日を超えないときは、原則として、所得税は課税されない。

(3) 一時帰国しない場合

　一時帰国しない場合は、甲社が国内で支給する金額及び海外子会社が国外で支給する金額に対して、原則として日本の所得税が課されることはない。国外での勤務に基因して支払われる給与は国外で生じた所得（国外源泉所得）とされるが、非居住者が課税されるのは、国内で生じた所得（国内源泉所得）に限定されており、国外源泉所得は、たとえ支払が国内で行われるものであっても課税されない。

解説

1　出向の法的性格

　出向について定義を定めた法律はないが、出向は、出向元法人、出向先法人及び出向者の三者関係である。一般的には、出向とは親会社等が従業員との雇用契約を維持しながら、相当の期間、子会社等に従業員を派遣して労務を提供させることをいう。出向期間中は出向先の従業員として勤務するが、出向元法人たる親会社等の従業員の身分は維持される。出向先に労働契約の一部が移転して出向先との雇用関係が生じ、従業員に対する指揮命令権も出向先に移転するものといわれている。したがって、出向者にとっては、出向元及び出向先の双方と労働契約関係を有する状態となる。このため、出向元法人は出向先法人と出向契約等を締結して、両社と雇用関係を有することとなる出向者に関する労働条件、給与負担、支給方法や出向期間等を定めるのが一般的である。

　労働基準法第15条（労働条件の明示）は、労働者保護の立場から、その第1項で、使用者は、労働者を採用するときは、賃金、労働時間等の労働条件を書面交付するなどして明示しなければならないと規定し、第2項で、明示された労働条件が事実と相違している場合は、労働者は即時に労働契約を解除できると規定している。したがって、出向者は、出向期間中も出向元における労働条件が保証されるよう要求できることとなる。

2　給与較差補填金に対する移転価格税制の適用可能性

　出向者に係る給与較差の補填は、出向者が出向元との雇用関係を維持したまま休職して出向先に雇用されることにより、二重の雇用関係を有することとなるため、両社間における出向契約等により、給与分担を定める結果に基づいて行われるものである。このような出向契約は、法人間における役務提供契約ではなく、出向者に係る費用の分担を定めるものに過ぎない。したがって、給与の較差補填に対して、役務の提供を対象とする移転価格税制が適用される可能性はほとんどないものと考えるべきである。ただし、技術系の従業員を出向させた場合は、ノウハウを海外子会社に移転させたと認定される可能性があるので、給与負担金の他に無形資産の供与の対価の支払を受けるべきか否かにつき、移転価格税制の適用につき検討を要することになる。

4　外国税額控除

（1）理解のポイント

　以下は、日本における外国税額控除の主たる動向である。

昭和28年	外国税額控除制度の創設（控除限度額は国別限度額方式、直接控除のみ）
昭和37年	・地方住民税から控除できるように地方税を改正 ・控除限度額は国別限度額方式と一括限度額方式の選択 ・間接税額控除を採用

昭和38年	・赤字国の欠損金を黒字国の所得と通算しないこととして国別限度額方式を廃止 ・控除余裕額、控除限度超過額の5年繰越制度創設
昭和40年	外国法人税の額が減額された場合の処理について改正
昭和46年	欠損金額の通算は法人の選択となる。
昭和53年	タックスヘイブン対策税制の導入に伴い課税対象留保金額に係る外国法人税が外国税額控除の対象となる。
昭和58年	・一括限度額方式の考え方を徹底させる趣旨から国別欠損金の除外計算制度を廃止 ・棚卸資産の譲渡地は、国外事業所等を通じてなされたものに限り国外での譲渡と判定することになり、国外所得金額が増加するように操作される余地を制限 ・各種引当金、準備金の繰入額を国内所得に優先的に配分できる取扱いを廃止、国内及び国外双方の業務に関連する経費は、合理的な基準を用いて国内所得と国外所得に適正に配分
昭和63年	・非課税国外所得の2分の1除外 ・国外所得に対するシーリングの設定 ・高率外国税額控除の高率対応部分を控除対象外国法人税から除外 ・利子の高率外国源泉税の高率部分の控除対象外国税額からの除外 ・間接税額控除（持株会社に係る改正） ・控除余裕額及び控除限度超過額の繰越期間が5年から3年に短縮
平成4年	・間接税額控除の対象を外国孫会社まで拡大 ・非課税国外所得の2分の1除外を3分の2に改正
平成13年	控除対象外国法人税に含まれないものが規定された。
平成14年	通常行われない取引に係る外国法人税を控除対象外国法人税から排除
平成17年	居住者の外国税額控除の改正
平成23年 12月	・外国税額控除の対象外である「高率」な外国法人税の水準（50％超）を、わが国の法人実効税率（引下げ後の法人実効税率）と概ね同水準（35％超）に引下げ。 ・控除限度額の計算上、非課税の国外所得の全額（改正前：3分の2）を国外所得から除外 ・所得源泉の置換え規定のある租税条約（相手国で課税された所得はその国の国内源泉所得とする規定：米国、英国、豪州、カザフスタン、ブルネイ）を除き、役員報酬等で国際間の二重課税になることから、相手国で外国法人税を課された所得は、国外源泉所得と扱うことを規定
平成26年	外国法人課税に外国税額控除創設

（2）事例（4−1）外国法人税が増額・減額された場合の外国税額控除の取扱い

（事例）

　甲社は製造販売を行う内国法人で、4年前に甲社はA国に支店を設置して、甲社製品のA国での営業活動・販売事業を行っている。A国支店の設置以降、毎年度、甲社はA国支店に関連する所得についてA国法人所得税の申告納付を行い、納付したA国法人所得税については、甲社の日本における法人税申告において外国税額控除の適用を受けている。甲社は4年前と3年前の年度について、A国の法人所得税に係る税務調査を受けていたが、今年度において決着し、4年前の年度については法人所得税の増額修正、3年前の年度については減額修正の申告書を提出することになった。すでに今年度中に修正申告に伴う増額分については納付済みであり、減額分については還付金を受領している。

　甲社が今年度において追加納税することとなった4年前の年度の増額分及び今年度において還付された3年前の年度の減額分は、過年度において外国税額控除の対象としていた外国法人税に係るものであるが、この増額分及び減額分について甲社の外国税額控除を適用する上でどのように取り扱ったらよいのか？

　なお、A国の法人税率は30％であり、甲社に高率負担部分はない。また、A国税務調査による修正事項は、本部経費配賦に係るA国法令適用に係るものであったため、当該年度の甲社の日本の法人税所得・国外所得に影響していない。

結論

1　増額分

　甲社のA国における法人所得税には高率負担部分はないことから、今回の増額分（追加納付額）は、同額がそのまま増額のあった今年度に新たに生じた控除対象外国法人税として扱われることになる。

2　減額分

　減額分（還付額）についても、同額が今年度の減額控除対象外国法人税額となることから、今年度の甲社の納付控除対象外国法人税額（上記1の追加納付分を含む。）が減額控除対象外国法人税額以上である場合には、納付控除対象外国法人税額から減額控除対象外国法人税額を控除した残額を今年度の控除対象外国法人税額として外国税額控除の対象とすることになる。つまり、過年度において外国税額控除の対象としていた外国法人税が減額（還付）された場合においては、過年度に遡って外国税額控除を修正申告するのではなく、減額のあった事業年度において調整するということになる。また、納付控除対象外国法人税額が減額控除対象外国法人税額を下回る場合には、後述する解説3⑴□の①~③の手続を減額のあった事業年度以降に行うことになる。

解説

1　外国税額控除の概要

　内国法人が各事業年度において外国法人税を納付することとなる場合には、控除限度額を限度として、その外国法人税の額を当該事業年度の所得に対する法人税の額から控除することが認められている（法69①）。

⑴ 控除対象外国法人税（法令141）

　外国税額控除の対象となる外国法人税とは、外国の法令に基づき外国又はその地方公共団体により法人の所得を課税標準として課される税である。ただし、高率負担部分として、税率35％超分（利子に対する外国源泉税については、内国法人の業種と所得率により、10％又は15％超分となる場合がある。）は税額控除の対象から除かれる（法令142の2①②）。

⑵ 控除限度額（法令142①）

$$\text{控除限度額} = \text{各事業年度の法人税の額} \times \frac{\text{当該年度の調整国外所得金額}}{\text{当該年度の所得金額}}$$

　内国法人の各事業年度の控除対象外国法人税の額と控除限度額との差額については、控除余裕額（控除対象外国法人税の額が控除限度額に満たな

い場合のその満たない部分の金額）及び控除限度超過額（控除対象外国法人税の額が法人税・地方法人税・地方税の控除限度額の合計額を超える場合のその超える部分の金額）は３年間繰り越して利用することができる（法69②③、法令144⑤⑦）。

2　外国法人税が増額された場合の取扱い（法基通16－3－26）

内国法人が外国税額控除の規定の適用を受けた事業年度（適用事業年度）後の事業年度において、当該外国法人税の額の増額があり、かつ外国税額控除の規定の適用を受けるときは、当該外国法人税につき、その増額後の金額に基づいて控除対象外国法人税額の再計算を行い、高率負担部分を除外し、増額した控除対象外国法人税額については、当該外国法人税の額の増額のあった日の属する事業年度において新たに生じたものとして外国税額控除の規定が適用される。この場合において、高率負担部分があるため、増加した外国法人税の額と増加することとなる控除対象外国法人税額に差額が生じるときには、次のように取り扱うことになる。

⑴ 増加する控除対象外国法人税額 ＜ 増加した外国法人税の額の場合

　① 増加した（追加納付した）外国法人税の額のうち増加する控除対象外国法人税額に相当する金額は、外国税額控除の対象とし、同額は損金の額に算入しない。(a)

　② 増加した外国法人税の額のうち高率負担部分は、外国税額控除の対象とならず、損金の額に算入する。(b)

⑵ 増加する控除対象外国法人税額 ＞ 増加した外国法人税の額の場合

　① 増加する控除対象外国法人税額のうち増加した外国法人税の額に相当する金額は、外国税額控除の対象とし、同額は損金の額に算入しない。(c)

　② 増加する控除対象外国法人税額のうち増加した外国法人税の額に相当する部分の金額を超える部分の金額は、外国税額控除の対象とし、益金の額に算入する。(d)

　（益金に算入される (d) は、適事業年度において高率負担部分とし

て損金算入されていた部分から成ることになる。)

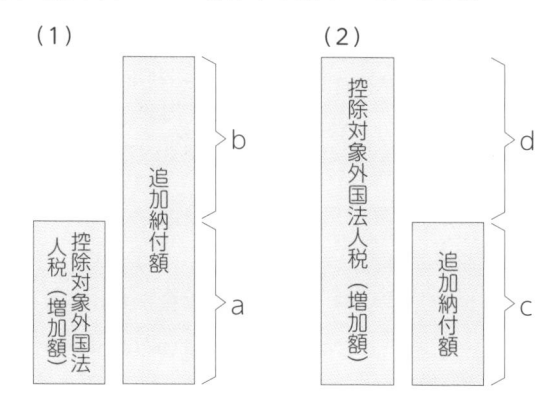

（1）追加納付額 b・a　控除対象外国法人税（増加額）

（2）控除対象外国法人税（増加額）d・c　追加納付額

3　外国法人税が減額された場合の取扱い

　内国法人が外国法人税の額につき外国税額控除の規定の適用を受けた事業年度（適用事業年度）開始の日後 7 年以内に開始する各事業年度において当該外国法人税の額が減額された場合には、適用事業年度において控除対象外国法人税の額としていた金額と、減額後の外国法人税額につき適用事業年度において再計算した控除対象外国法人税とされるべき金額との差額（減額控除対象外国法人税額）について、次のように調整することとされている（法69⑫）。

⑴ 減額控除対象外国法人税額の取扱い（法令147）

　イ　減額に係る事業年度の納付控除対象外国法人税額 ≧ 減額控除対象外国法人税額の場合

　　　減額されることとなった日の属する事業年度（減額に係る事業年度）において当該内国法人が納付することとなる控除対象外国法人税の額（納付控除対象外国法人税額）から減額控除対象外国法人税額に相当する金額を控除し、その控除後の金額について当該年度の控除対象外国法人税額として外国税額控除の規定を適用する。

　ロ　減額に係る事業年度の納付控除対象外国法人税額 ＜ 減額控除対象外国法人税額の場合

　　①　減額控除対象外国法人税額から減額に係る事業年度の納付控除対

　　象外国法人税額を控除し、控除しきれない残額は、前3年以内の控除限度超過額の繰越残額（古い年度のものから順次充てる）から控除する。

②　上記①で控除できない金額があるときには、減額に係る事業年度後の2年以内に開始する各事業年度の納付控除対象外国法人税額から控除する。

③　上記②で控除できない金額があるときには、その2年経過時点（減額に係る事業年度後の2年以内に開始する各事業年度のうち最後の事業年度）で益金の額に算入する（法令26②）。

⑵　減額された外国法人税の額と減額控除対象外国法人税額に差額が生じる場合の取扱い

　　高率負担部分があることにより、減額された外国法人税の額と減額控除対象外国法人税額に差額が生じるときには、上記2の「外国法人税が増額された場合の取扱い」と同様に取り扱う。

　イ　減額控除対象外国法人税額 ＜ 減額された外国法人税の額の場合

①　減額された（還付を受けた）外国法人税の額のうち減額控除対象外国法人税額に相当する金額を、下記aの対象とし、同額は益金の額に算入しない。(a)

②　減額された外国法人税の額のうち高率負担部分は、下記aの対象とせず、益金の額に算入する。(b)

　ロ　減額控除対象外国法人税額 ＞ 減額された外国法人税の額の場合

①　減額控除対象外国法人税額のうち減額された外国法人税の額に相当する金額は、上記イの対象とし、同額は益金の額に算入しない。(c)

②　減額控除対象外国法人税額のうち減額された外国法人税の額に相当する金額を超える部分の金額は、上記イの対象とし、損金の額に算入する（法基通16－3－26（注）1）。(d)

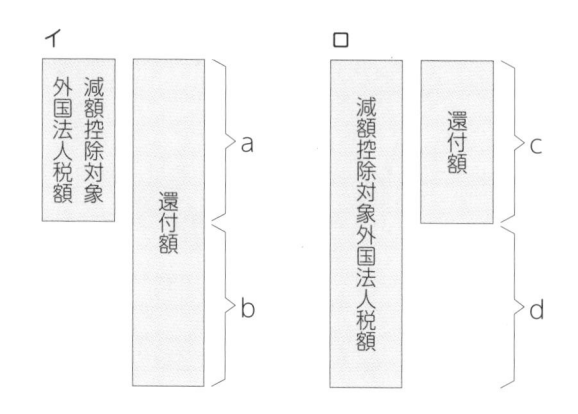

5 過少資本・過大支払利子

（1）理解のポイント（過少資本税制）

イ　内国法人の場合

　内国法人が国外支配株主等又は資金供与者等に負債の利子等を支払う場合、当該事業年度の国外支配株主等に対する負債に係る平均残高が、その内国法人の純資産に対する持分の額の3倍（特定債券現先等の特例を適用するときは2倍。以下同じ。）に相当する金額を超えるときは、当該超過分に対応する負債の利子については，当該事業年度の損金に算入されない（措法66の5①）。

（イ）国外支配株主等の定義

　　国外支配株主等とは，次のような関係にある者とされている（措法66の5⑤一、措令39の13⑫⑬）。

①　当該法人がその発行済株式等の50%以上の株式等を直接又は間接に保有される関係

②　当該法人と外国法人が同一の者によってそれぞれその発行済株式等の50%以上の株式等を直接又は間接に保有される場合の両法人の関係

③　当該法人と非居住者又は外国法人との間に取引があり、資金・人事等とのつながりが存在することにより、当該法人の事業の方針の全部又は

一部につき実質的に決定できる関係

（ロ）実質的に決定できる関係

次に掲げる事実その他これに類する事実が存在することにより、事業の方針の全部又は一部につき実質的に決定できる関係があるとされている（措令39の13⑫三、措通66の5－4）。

①　その事業活動の相当部分を当該非居住者又は外国法人（非居住者等）との取引に依存して行っていること

②　その事業活動に必要とされる資金の相当部分を当該非居住者等からの借入により、又は当該非居住者等の保証を受けて調達していること

③　適用対象法人の役員の2分の1以上又は代表する権限を有する役員が，当該外国法人の役員もしくは使用人を兼務している外国法人の役員もしくは使用人であった者であること

（ハ）類似法人の負債・資本比率の採用

負債・自己資本の比率は原則3倍だが、同種の事業を営む内国法人で事業規模その他の状況が類似するものの負債・資本比率に照らし、妥当と認められる倍数が認められる（措法66の5③）。

（ニ）過大支払利子税制との調整

本制度により計算された損金不算入額が、過大支払利子税制により計算された損金不算入額を下回る場合には、本制度は適用されない。ただし、過大支払利子税制により適用除外要件を満たして適用除外となる場合（措法66の5の2③）には、本制度の適用を受けることになる。

ロ　外国法人の場合

過少資本税制は、外国法人については、平成26年度の税制改正で、その特例の適用はなくなった（旧措法66の5⑪、旧措令39の13㉚㉛）。ただし、外国法人については、平成26年度以降、帰属主義が導入され、PEに帰せられるべき資本に対応する負債の利子の損金不算入の規定（法142の4）の適用がある。

ハ　個人の場合

過少資本税制は、個人については適用されない。

（2）理解のポイント（過大支払利子税制）

イ　内国法人の場合

（イ）概要

平成25年4月1日以後に開始する事業年度に関連者支払利子等の額がある場合において、関連者純支払利子等の額が調整所得金額の50％に相当する金額を超えるときは、関連者支払利子等の額の合計額のうち、その超える部分の金額に相当する金額は、その事業年度の所得金額の計算上、損金の額に算入されないことになった。しかし、平成31年度の税制改正で損金算入限度額の変更（50％から20％に変更）等が行われている。

（ロ）平成31年度改正事項

平成31年度の税制改正において、次の点が改正された。

① 　損金算入限度額の計算において、調整所得金額に乗じる割合が従前の50％から20％に変更された。

② 　支払利子の範囲が変更され、従前の国外関連者だけではなく第三者を含む国外の者に対する支払利子が対象となった。

③ 　調整所得金額の対象から受取配当等の益金不算入額が除かれた。

④ 　利子に受領者において一定の要件を満たす債券の利子の額も制度の対象とされないこととなった。

⑤ 　適用除外基準が見直され、純支払利子の額が2,000万円以下の場合又は一定の調整金額の割合が20％以内の場合は適用されないこととなった。

ロ　外国法人の場合

平成24年度の税制改正で導入され、平成26年度の税制改正により、次の規定のとおり、PEを有する外国法人は、PE帰属所得について過大支払利子税制に基づいて、内国法人に準じて計算して申告することとなった（措法66の

5の2⑧一）。

ハ　個人の場合

個人については、過大支払利子税制の適用はない。

（3）事例（5－1）非居住者又は外国法人の日本の不動産投資に係る過少資本税制及び過大支払利子税制の適用関係

（事例）

　香港の居住者Ａ、Ｂ、Ｃは、香港の不動産と比べて割安な日本への高層マンションをそれぞれ１億円で購入することを考えている。Ａは、Ａが所有する香港法人甲社が日本法人丙社を設立し、丙社が国内不動産を取得したいと考えている。Ｂは、Ｂの香港法人乙社が直接不動産を取得する予定である。Ｃは、Ｃが直接不動産を取得する予定である。

　Ａ、Ｂ及びＣとも、1,000万円は自前で調達し、残りについて、Ａは、甲社から、Ｂは、香港で所有する他の関連する香港法人から、Ｃは、所有する香港法人から借り入れる予定である。これらの借入金について支払う利息は、日本での課税所得の計算上、必要経費又は損金に算入されるのか。なお、Ａ、Ｂ及びＣとも、国内不動産を長期投資の観点から、当面は甲社、乙社及びＡの賃貸による不動産所得を予定しており、借入金の金利は、香港の金融機関からの調達金利程度を予定している。

結論

① 　非居住者である個人が日本の不動産を購入して賃貸して不動産所得を得る場合、過少資本税税制及び過大支払利子税制の適用はない。

② 　外国法人が直接取得した場合は、過少資本税制の適用はないが、過大支払利子税制は国内不動産がPEに該当する場合には適用がある。

③ 　外国法人が日本法人を通じて国内不動産を取得した場合は、過少資本税制及び過大支払利子税制の適用があることから、取得の形態が違うと、同

じような課税所得にならないことに留意する必要がある。

④　いずれの場合も、非居住者又は外国法人に支払利息の支払の際に、支払が国外で行われた場合も、源泉徴収する必要がある（所212①②）。

⑤　香港との租税条約の適用関係では、不動産に係る貸付金の利子を受け取る者は、いずれも香港の居住者及び香港の内国法人なので、それらの者が受け取る貸付金の利子について、日本との租税条約の利子条項の適用があり、日本での支払までに、租税条約等の届出書を提出することにより、国内法の20.42%ではなく、10%の税率で所得税が源泉徴収されることになる。

（4）事例（5－2）債務超過の場合の過少資本税制の適用関係

(事例)

外資系の内国法人甲社は、経営再建のため、親会社からの借入をしてリストラに着手することとした。国内の金融機関に親会社が保証して借り入れる方法も検討したが、調達金利は親会社が自国で調達したほうが圧倒的に有利と判断されて、親会社からの借入の方向で検討している。甲社は、長年赤字が続いていたため債務超過になっている。甲社のように債務超過の場合、実質的な資本金はなくなっているが、その場合の資本・負債の割合の計算は、どのようにするのか。

結論

債務超過により内国法人の事業年度終了の日の資本金等の金額に満たない場合には、その資本金等の金額が自己資本の額となることから、資本金の額を基礎として計算できることになる。

解説

過少資本課税の規定は、その規定の内容から外資系内国法人及び外国法人を課税の対象としており、内国法人との差別的な取扱いを禁止する条項に抵触する可能性がある。このことを規定した無差別取扱条項とは、租税条約に

おいて相手国の国民等に対する差別的課税を禁止し、同様の状況にある者に対して、同様の課税を行う趣旨の規定をいう。

　以上の観点から、日本の過少資本税制においては、海外の関係会社からの借入金が資本持分の一定の倍率を超える場合には一律に否認するという仕組みを採用していない。納税義務者に類似法人の負債・資本比率の適用を認めて、内国法人と同程度の負債・資本比率であるから、その比率が妥当なものであることについて納税義務者に立証させる余地を残すべきであるとの議論を考慮して、この特則が設けられている。

　類似法人とは、業種業態、規模、自己資本の額その他の状況が類似している法人をいい、含み益が大きい法人や、関係会社からの借入金が多く含まれている法人の比率は、類似法人の比率といえない可能性が強くある。類似法人の比率とは、その法人と同種の事業を営む内国法人で事業規模その他の状況が類似するものの負債・自己資本比率に照らし、妥当な倍数を用いることができるとされている（措法66の5③）。

　類似法人の負債・資本比率は、類似法人の各事業年度終了の日における負債の額の同日における資本金、法定準備金及び剰余金の合計額に対する比率とされている（措令39の13⑩）。

　適用対象法人が類似法人の比率に照らし、妥当と認められる倍数を用いる場合には、その旨を記載した書面を確定申告書に添付し、かつ、その倍数が妥当であることを明らかにする書類その他の資料を保存していなければならないこととされている（措法66の5⑥）。

（5）事例（5－3）親会社が内国法人である場合の過少資本税制の適用について

（事例）

　当社は金融業を営む内国法人甲社の100％子会社（乙社）で主としてリース業を営んでいる。このたび、甲社は独法人A社によりその発行済株式総数の過半を取得され、独法人A社グループの傘下に入ること

なった。また甲社はA社の100％子会社である独法人B社より多額の借入れを行うこととなった。

　これに伴って当社（乙社）は、親会社である甲社からその独法人からの借入金の相当の部分を借り入れることとなっている。甲社は独法人B社から直接借入れを行うことから過少資本税制の適用があるものと考えているが、当社自身も間接的に国外支配株主等である独法人B社から借入れを行うこととなる。そこで、今回の親会社の一連の独法人との取引、すなわち、独法人による支配権の取得、独法人による甲社への貸付け、さらに甲社から当社への貸付けにより、当社自身に対しても過少資本税制の適用が生ずるのではないかと危惧している。

結論

　乙社においては、実際に国外支配株主等に対する借入れが生じ、それに伴って利子の支払が生ずる場合以外には過少資本税制による支払利子の一部損金不算入の規定の適用はないことになる。

　乙社のように親会社甲社を介して独法人により間接的に支配されているような場合には、負債対資本の比率の算定上自己資本の額等につき特例が設けられており、実際に乙社自身が国外支配株主等により直接借入れを行う場合には、自己資本等の計算に留意が必要とされる。

解説

　過少資本税制の利子の損金不算入の適用対象者は、その借入れを行う者が直接国外支配株主等から借入れを行った場合とされている。その適用対象者と国外支配株主等との間に他の内国法人が介在する場合には、自己資本の額の計算の特例があることに留意が必要である。

1　適用の対象となる負債の額等

　過小資本税制における損金不算入の利子の適用の対象となる負債は、当該内国法人が国外支配株主等に対して有する負債であることから乙社の場合の

ように、その原資が国外支配株主等からのものであっても、乙社の負債は親会社甲社に対するものであり、過少資本税制の規定による支払利子の一部損金不算入の対象とはならない。

2　自己資本の額の計算の特例

　仮に乙社が国外支配株主等から直接借入れをして利子を支払う場合、過少資本税制に基づく支払利子についての一部損金不算入の適用の是非が判定されることとなるが、その場合には、同税制にある負債、資本比率3：1の原則の適用につき、特例により次のルールに基づいて負債、資本の比率の判定が行われる。

　具体的な例を示すと次のとおりである。

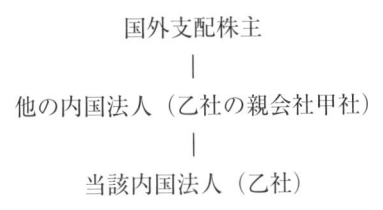

国外支配株主
|
他の内国法人（乙社の親会社甲社）
|
当該内国法人（乙社）

① 　甲社の資本金　1,000

　　　甲社の国外支配株主からの借入金　3,000

② 　乙社の自己資本金の金額　4,000

　自己資本の額の計算の特例に基づき乙社の自己資本は次のように計算する。

　　乙社の資本金4,000×甲社の乙社に対する持分割合100％＝4,000…①

　　甲社の資本金1,000…②

　　①＞②

　　①－②＝4,000－1,000＝3,000（控除対象額）…③

　　甲社の国外支配株主等に対する負債の額…④

　　③及び④のうちいずれか少ない金額3,000

　乙社の自己資本の額は、1,000（4,000－3,000）として負債、資本の比率の計算が行われることとなる。

6 事業体

（1）理解のポイント

イ　問題の所在

　平成15年11月に署名された現行の第3次日米租税条約（以下「第3次条約」という。）は、それまで日本の締結した租税条約にはないいくつかの特徴となる条項を含んでいるが、その1つが、第4条（居住者条項）第6項における両締約国において課税上の取扱いが異なる事業体であるハイブリット・エンティティ（Hybrid Entities。以下「HE」という。）の課税関係に係る規定である。日本においても平成17年8月1日施行の有限責任事業組合契約に関する法律に基づく有限責任事業組合（LLP）等のような新しい事業体の形態が出現したことから、第3次条約における第4条第6項の意義の検討を行うことが必要ではないかというのがこの項の趣旨である。

ロ　日本におけるLLC等の取扱い等

　以下は、日本において米国のLLC（Limited Liability company）等に関する取扱い等に関連する判決等の動向である。なお、米国のLLCとは、米国州法に基づいて設立された事業体で、出資者である構成員を納税主体とするパススルー型の課税（以下「構成員課税」という。）を受けることが認められているものである。

① 　平成13年2月26日裁決（裁決事例集No.61,102頁）において、米国で設立されたLLCは日本の租税法上「法人格」を持った法人であるという判断が示された。また、平成19年5月16日のさいたま地裁判決（平成17年（行ウ）3号）において、米国ニューヨーク州で設立されたLLCは日本の租税法上法人に当たるという判決が示されている。

② 　平成13年6月に国税庁が「米国LLCに係る税務上の取扱い」を公表し、LLCが米国の税務上、法人課税又はパススルー課税のいずれの選択するにせよ、原則的にはわが国の税務上、外国法人として取扱うこととなった（以

下「団体課税」という。）。なお、この取扱いはその後変更されていない。

③ 事業税に関連した事案ではあるが、内国法人が米国においてリミテッド・パートナーとしてパートナーシップ（以下「PS」という。）より得た所得について、このリミテッド・パートナーは米国国内に恒久的施設（PE）を有していないと認定された判決がある（東京高裁平成17年7月26日判決、平成17年（行コ）48号）。

ハ　第3次条約前後の動向

以上の事柄を踏まえて時系列にすると次のような順序であったことを確認することができる。

平成13年2月26日	裁決：米国設立のLLCを日本の租税法上「法人格」を持った法人と判断
平成13年6月	国税庁が「米国LLCに係る税務上の取扱い」を公表：原則的にはわが国の税務上、外国法人とした。
平成15年11月	第3次日米租税条約署名
平成17年4月27日	「有限責任事業組合契約に関する法律案」が国会で成立
平成17年6月29日	合同会社を規定した会社法が成立
平成17年7月26日	東京高裁判決：リミテッド・パートナーである内国法人は米国国内に恒久的施設を有していないと認定された判決
平成19年5月16日	さいたま地裁判決：米国ニューヨーク州で設立されたLLCは日本の租税法上法人にあたるという判決

二　第3次条約と事業体課税

以上のことから、第3次条約が直面した問題について、次のように整理することができる。

① 日本は、米国LLC及びPSを団体課税として扱い、米国は構成員課税としている。

② 租税条約における居住者の定義は、条約相手国において、居住者と判定され、かつ課税を受けていることの2要件である。

③ 日本から米国LLC等に支払われる利子の課税において、その支払先が構

成員課税の米国LLCである場合、米国LLCは、米国において団体課税を受けていないことから、租税条約における居住者に該当せず、当該利子について日本において租税条約の限度税率の適用を受けることができない。

④　米国LLCの構成員が米国居住者であれば、上記②の要件を満たすことになるが、日本は、米国LLCを外国法人としていることから、米国LLCの構成員に対する支払とすることはできない。

⑤　第3次条約では、上記④における隘路を解消するために、米国LLCの構成員を条約上の適格者とすることにした。

⑥　この原因は、上記ハの表にあるように、第3次条約交渉前に、国税庁は、米国LLCを税務上外国法人とする取扱いを公表していることから、上記⑤のような工夫が必要になったものと思われる。

（2）事例（6－1）外国公益法人の課税関係

（事例）

　米国の教育事業に係る米国の公益法人A財団では、日本を基点として教育事業の支援を考えている。A財団が日本において教育事業をした場合の課税関係はどうなるのか。

結論

　平成20年の公益法人制度改革後は、外国の公益法人であるA財団が国内で活動する場合は、日本において一般社団等に拠出することにより活動することとなると想定されて課税関係が検討される。

　したがって、拠出を受けた一般社団法人等が日本において公益事業を行う場合は、内国法人として課税関係によることになり、公益認定等委員会の認定を受けることができれば公益社団法人等となり、そうでない場合でも非営利型法人に該当する場合は、法人税法上は、公益社団法人等と同様の課税関係を受けることになる。それ以外の一般社団法人等は、通常の普通法人と同様の課税関係になる。

　これらの社団法人等が、国外で活動する場合、内国法人として課税されることから、国外での活動が収益事業（公益財団法人等の公益目的事業は除かれる。）に認定される場合は、国外源泉所得として課税されることに留意する必要がある。

解説

　平成20年度の税制改正において、外国公益法人等の指定は廃止されている。この取扱いは平成20年12月１日から施行されているが、それ以前に現に公益外国法人として指定を受けている法人については、一定の経過措置が設けられた。

1　改正の理由

　日本においては、公益法人制度改革が行われ、従来の主務官庁による許可制度が改められ、登記のみで簡単に一般社団法人又は一般財団法人を設立することが可能となった。さらに、一般社団法人等の行う事業の公益性の認定については、公益認定等委員会が一元的に行うこととされ、新制度により設立された法人のうちその認定を受けたものが公益社団法人又は公益財団法人として公益性が認められることとなった。

　これまでは、外国法人が日本において公益活動を行う場合、相互主義的な観点から一定の要件を満たすものについて、財務大臣の指定により公益法人等と同様の課税関係とすることとされてきたが、改正後は、新たな公益法人制度の下で一般社団法人等の法人格を取得し、その事業の公益性について公益認定等委員会による認定を受けることが適当であるとされたのである。

2　公益法人課税の改正

　公益法人制度改革により一般社団・財団法人法が制定され、社員等に対する剰余金の分配を目的としない一般社団法人及び一般財団法人が登記のみで設立できる制度が創設された。また、公益社団法人及び公益財団法人の認定等に関する法律が制定され、公益目的事業を行うことを主たる目的とし、一

定の基準を満たしている一般社団法人又は一般財団法人は、行政庁の公益認定を受けることにより、公益社団法人又は公益財団法人として取り扱われることとなった。

　これらの新たな法人制度への移行に伴い、一般社団法人及び一般財団法人の課税関係については、次表のように取り扱われることとなった。

法人区分		法人税法上の取扱い	課税所得の範囲	法人税率
公益社団法人・公益財団法人（公益認定法人）		公益法人等	収益事業により生じた所得（公益目的事業は収益事業から除外される）	23.20％（所得金額年800万円以下の金額までは原則15％）
一般社団法人一般財団法人	非営利型法人	公益法人等	収益事業により生じた所得	
	それ以外の法人	普通法人	すべての所得	

7 所得区分・源泉徴収

（1）理解のポイント

　人的役務活動が使用料に関係する場合、所得区分で人的役務に該当する場合と使用料に該当する場合では、課税関係が異なることになる。その場合、原価に加算しているものが通常の利潤程度であれば、通達により、使用料とされないことになる。

（2）事例（7−1）外国法人に支払う翻訳作業料の課税関係

（事例）

　内国法人甲社は、各国語の翻訳を業とする法人である。当初、翻訳作

業の仕事が少なかったため、日本に在住する各国の人間にアルバイト的
に翻訳作業を依頼していたが、最近になって翻訳作業が急増したため、
今後は、中国語の翻訳には上海の中国法人Ｂ社、タイ語の翻訳にはバン
コクのタイ法人Ｃ社、及びミャンマー語の翻訳はヤンゴンのミャンマー
法人Ｄ社に依頼することになった。それぞれの作業料は、日本でのアル
バイト的な翻訳作業の時の支払と同水準を考えている。この翻訳作業の
対価の額は、原価にある程度の利潤を加えた額である。すべて国外での
人的役務の対価として源泉徴収の対象にはならないということで問題は
ないのか。なお、Ｂ社、Ｃ社及びＤ社とも国内に恒久的施設（PE）を
保有していない。

結論

翻訳作業について、日本での翻訳作業料と同程度の基準で支払っていた場
合でも、各国の賃金水準等の格差により、使用料として課税される場合があ
ることに注意する必要がある。また、翻訳作業を国外での人的役務の提供の
対価とするためには、原価等の明細が提出されない場合に備えて、普段から
現地での賃金情報等を幅広く収集しておくべきである。

解説

1　使用料に対する国内法の課税関係

(1) 国内にPEを有しない外国法人の課税関係

国内にPEを有しない外国法人は、事業所得について法人税の課税はな
いが、一定の国内源泉所得について法人税の総合課税の対象とされ、所得
税法第161条に掲げる所得のうち、所定の国内源泉所得については所得税
を源泉徴収により納める義務がある（所178、179、212）。

(2) 翻訳作業料

所得税法第161第1項11号では、使用料は次のとおり規定されている。

十一　国内において業務を行う者から受ける次に掲げる使用料又は対価

で当該業務に係るもの

イ 工業所有権その他の技術に関する権利、特別の技術による生産方

式若しくはこれらに準ずるものの使用料又はその譲渡による対価

ロ 著作権（出版権及び著作隣接権その他これに準ずるものを含む。）

の使用料又はその譲渡による対価

ハ 機械、装置その他政令で定める用具の使用料

また、所得税基本通達161-35（使用料の意義）では、次のとおり規定している。

（一部略）法第161条第1項第11号ロの著作権の使用料とは、著作物（著作権法第2条第1項第1号《定義》に規定する著作物をいう。以下この項において同じ。）の複製、上演、演奏、放送、展示、上映、翻訳、編曲、脚色、映画化その他著作物の利用又は出版権の設定につき支払を受ける対価の一切をいうのであるから、これらの使用料には、契約を締結するに当たって支払を受けるいわゆる頭金、権利金等のほか、これらのものを提供し、又は伝授するために要する費用に充てるものとして支払を受けるものも含まれることに留意する

上記の規定によれば、翻訳も使用料の範囲に含まれることになるが、通常の翻訳作業の対価が業界の相場に基づき時給ベースで支払われているときに、使用料と区分されることに違和感を覚える読者も多いと思う。この調整は、次の人的役務提供の対価との区分によることになる。

2 使用料と人的役務提供の対価との区分

実務においては、使用料と人的役務提供の対価とが明確でない場合が多く、その解決のため、所得税基本通達161-36（図面、人的役務等の提供対価としての支払を受けるものが使用料に該当するかどうかの判定）があり、次のとおり規定している。

　　工業所有権等を提供し又は伝授するために図面、型紙、見本等の物
又は人的役務を提供し、かつ、当該工業所有権等の提供又は伝授の対
価の全てを当該提供した物又は人的役務の対価として支払を受ける場合
には、当該対価として支払を受けるもののうち、次のいずれかに該当す
るものは法第161条第1項第11号イに掲げる使用料に該当するものとし、
その他のものは当該物又は人的役務の提供の対価に該当するものとす
る。

(1)　当該対価として支払を受ける金額が、当該提供し又は伝授した工業
　　所有権等を使用した回数、期間、生産高又はその使用による利益の額
　　に応じて算定されるもの

(2)　(1)に掲げるもののほか、当該対価として支払を受ける金額が、当該
　　図面その他の物の作成又は当該人的役務の提供のために要した経費の
　　額に通常の利潤の額(個人が自己の作成した図面その他の物を提供し、
　　又は自己の人的役務を提供した場合には、その者がその物の作成又は
　　人的役務の提供につき通常受けるべき報酬の額を含む。)を加算した
　　金額に相当する金額を超えるもの

　(注)　上記により物又は人的役務の提供の対価に該当するとされるも
　　　　のは、通常その図面等が作成された地又は人的役務の提供が行わ
　　　　れた地に源泉がある所得となる。

　　　　なお、これらの所得のうち、国内源泉所得とされるものは、同
　　　　項第1号、第6号又は第12号に掲げる所得に該当する。

　改正注記：平28課個2-4、課法11-8、課審5-5改正

　上記通達の(2)が重要である。上記通達の(1)で使用料となるものを例示し、
(2)では、通常の原価に通常の利潤の額を加算したものは、使用料としないこ
とを明らかにしている。

　したがって、翻訳作業料についても、原価(翻訳作業に従事する具体的な
人数と熟練度等及び従事時間と単価等の明細)を明らかにした上で、原価に

加算しているものが通常の利潤程度であれば、この通達により、使用料とされないことになる。

　事例の場合は、日本での支払額を基準としているが、中国、タイ及びミャンマーでの人件費の水準が日本に比べて著しく低いことからすると、日本での支払額程度だからといって、人的役務提供の対価ということはできないことになる。

　具体的には、各社の原価等の明細が明らかにされない場合には、次のように考えるのが相当である。まず、各国（場合によっては、依頼している会社の地域）の最低賃金を把握すること。最低賃金は、工場労働者やサービス業に従事している単純労働者の基準賃金であることから、それを時間換算し、それに翻訳の特殊性を加味した金額を加算したものがそれぞれの国の原価相当と考えて無理がないものと思われる。一般的に言って、日本水準の翻訳作業料を支払っている場合は、使用料に該当しないとすることに無理があるものと思われる。

3　租税条約の適用関係

　翻訳作業料が、所得税基本通達161−36で規定する人的役務提供の対価に該当すれば、その人的役務の提供が国外で行われていることから、わが国の課税はないことになるが、使用料に該当する場合は、次のとおりである。

(1) 中国法人の場合

　日中租税条約第12条（使用料）では、使用料の定義を日本の国内法と同じように規定していることから翻訳作業料も使用料として課税されることとなる。B社は、租税条約に関する届出書を提出することにより、10％の税率で源泉徴収されることになる。

(2) タイ法人の場合

　日本・タイ租税条約第12条（使用料）では、使用料の定義を日本の国内法と同じように規定していることから翻訳作業料も使用料として課税されることとなる。C社は、租税条約に関する届出書を提出することにより、15％の税率で源泉徴収されることになる。

⑶ ミャンマー法人の場合

　ミャンマーとは租税条約を締結していないことから、国内法どおり、支払の際に、20.42％の税率で所得税及び復興特別税が源泉徴収されることになる。

IV

国際税務の
トピックス

1　ドミサイルと住所

（1）ドミサイル（domicile）の意味

　国際税務の領域において、ドミサイル（domicile）という用語に出会うことがある。辞書によれば、居所、住所、法定住所、本籍等、多様な訳が付されている。

　例えば、日米租税条約第4条第1項（居住者条項）の日本語訳は次のようになっている。

　「この条約の適用上、「一方の締約国の居住者」とは、当該一方の締約国の法令の下において、住所、居所、市民権、本店又は主たる事務所の所在地、法人の設立場所その他これらに類する基準により当該一方の締約国において課税を受けるべきものとされる者をいい、次のものを含む。（以下略）」

　上記の規定にある「住所」の英文表記はdomicile、「居所」の英文表記はresidenceで、居住者はresidentである。

　しかし、このドミサイルという用語は、国により異なった使用がなされている。その典型例が英国である。

（2）英国における個人の居住形態

　個人の課税所得の範囲は、居住者と非居住者では異なっている。これは日本の税法も英国の税法も同様の規定である。

　日本の場合、所得税法においては、居住者（所2①三）、非永住者（所2①四）、非居住者（所2①五）の定義があり、居住者のうち非永住者以外の居住者については、特に用語の規定はないが、一般に永住者と称されている（所7①一）。そして、この居住形態ごとに、日本における課税所得の範囲が異なっている。ここでのポイントは、日本の所得税法における居住形態には非永住者という概念があり、その課税所得算定に送金課税が採用されていることである。

　英国では、2013年財政法による改正が行われる前の段階で、個人の居住形

態は、居住者（resident）、通常の居住者（ordinary resident）、ドミサイル（domicile）のある者、非居住者（non-resident）に区分されていた。このうち、通常の居住者は、2013年財政法により廃止され、現在は使用されていない。この概念は居住者とも異なり、裁判により確立したもので、数年間英国居住者である場合、通常英国に居住していることから、通常の居住者となった。通常の居住者が問題となるのは、英国国外源泉所得がある場合で、その所得は英国で課税となる。

（3）英国税制等の特殊性

英国の税制については、いくつかの前提を理解することが必要である。

1つは「外国」という用語で、例えば、英国王室直轄地であるチャンネル諸島、マン島は、税制上外国となる。この英国の例は、米国における「属領」と類似している。米国税法では、グアム、プエルトリコ等の米国属領は、税法上、外国という扱いである。

なぜ、この「外国」という定義が重要かというと、英国税法には、日本の非永住者課税と同様に、送金課税基準（remittance basis）という規定があり、所定の居住形態の個人にとって、国外源泉所得が生じたとしても、発生基準（arising basis）ではなく、送金課税基準を選択することができるからである。

この規定の意味するところは、特定の居住形態の個人の場合、国外源泉所得が生じたとしても、発生基準により英国の課税所得に含まれるのではなく、送金課税基準を選択することにより、国外源泉所得を国外に留保して英国に送金しなければ、英国において課税にならないということになる。

理解の前提のための第2の点は、次に掲げる表である。

1965年	Capital Gains Tax（以下「CGT」という。）を導入
1996・1997課税年度	個人所得税に申告納税制度導入
2009年4月5日まで有効	HMRC（歳入関税庁），Residents and non-residents : Liability to tax in the United Kingdom（IR20）

2010年	HMRC　RDR 1．Residence, domicile and the remittance basis：PART5の送金課税の項は、2010年2月改訂。他は、2010年12月改訂。
2013年	2013年財政法の第218条、第219条及びシェジュール45によりStatutory Residence Test（SRT）導入。
2013年12月	HMRC：Guidance note：Statutory Residence Test（SRT）公表。

　英国は所得税に株式等の譲渡収益を課税する規定がなく、富裕層に対する税制上の優遇措置という批判を受けて、1965年にCGTを導入している。したがって、所得税法が適用となる所得とCGTが適用となる利得の双方で英国国外源泉所得ということになる。

（4）英国におけるドミサイルの意味

　英国税法上、ドミサイルは「永住地（permanent home）の場所」のことを意味する。ドミサイルは、一般的な法概念であり、国籍との関連がなく、住所地とも別のものである。英国居住者であっても、ドミサイルが他にあることもある。国外源泉所得あるいは国外のキャピタルゲインを有する者の場合、ドミサイルの判定は重要である。ドミサイルには、後発的ドミサイル（domicile of choice）と血統ドミサイル（domicile of origin）がある。前者は、裁判等を通じて取得したドミサイルであり、後者は、出生地あるいは両親からの血統によるドミサイルであり、感覚的には、「ふるさと」に近い概念と思われる。

　2013年財政法による改正後、個人の居住形態と課税所得の関係は次のように整理された。

居住者（原則）	全世界所得が課税となる。
非居住者	英国国内源泉所得のみが課税となる。
居住者であるがドミサイルがない場合	国外所得と国外キャピタルゲイン（FCG）について送金がない場合英国における課税なし。

　また、このドミサイルの有無は、英国の相続税の課税にも影響を及ぼすこ

とから、重要な課税要件である。

2 米国市民権と課税

（1）香港における越境出産

　香港では、中国本土から妊婦が香港に越境して出産をすることが社会問題となり、香港ではこれを制限するという新聞報道があった。この問題の根底には、香港において生まれた子供に対して香港の永住権を与えるという制度がある。

　本項では、米国の市民権を有する個人は、世界のどこで居住していたとしても、米国において無制限納税義務を負うという法的帰属に基づく課税を行っている米国の例を検討する。米国では、香港とは逆に、米国における課税を回避するために、米国市民権を放棄する動きもある。以下は、米国市民権、米国国籍及びグリーンカード等の相違を整理する。

（2）米国国籍と市民権

　国籍とは、人が特定の国の構成員であるための資格のことであり、米国の市民権とは、米国市民としての権利と義務のことである。米国憲法修正第14条第1節には、市民の権利の規定があり、そこでは、米国において出生、又は帰化し、その管轄権に服するすべての人は、米国及びその居住する州の市民であるという規定がある。米国の場合、国籍と市民権はほとんど同義に使用されているが、米国国籍の場合は、市民権を有する人よりも広い範囲の人を含む（山田英夫編集代表『英米法辞典』東京大学出版　2010年　575頁）。

　例えば、米国国籍を有する人には、米国以外に、米領サモア、スウェイン諸島（米領サモアに隣接する珊瑚礁からなる小さな島々）において生まれた人も含まれるが、これらの人には市民権がない。このように、米国の場合、米国国籍を有するが市民権のない人が存在する。厳密にいえば、米国国籍を有する人のすべてが米国市民ということにはならないのである。

（3）グリーンカード

　米国では、外国人に永住権を与えた証明書としてグリーンカードを発行している。このグリーンカードの取得方法にはいくつかの方法があるが、米国における課税では、グリーンカードを所有する外国人は、米国市民と同様に米国において無制限納税義務を負うことになっている。

（4）出生地主義

　米国国籍及び市民権（以下「米国市民権等」という。）を得るためには、米国市民権等を有する両親から生まれる子供は米国市民となるが、外国人の両親であっても、その子供が米国国内で出生すれば、米国市民権等を有することになる。日本は血統主義ということで、日本国籍を有する人とは、子供の父親又は母親が日本国民であった場合、あるいは、日本に帰化した人ということになっている。

　例えば、日本国民である夫婦がその子供を米国国内で出産した場合、その子供は、米国市民権等と同時に、日本国籍も有することになる。この場合、日本の国籍法では、重国籍を認めないという立場から18歳から2年以内に国籍の選択をすることが必要となる。

　国籍法の第11条（国籍の喪失）第1項では、「日本国民は、自己の志望によって外国の国籍を取得したときは、日本の国籍を失う。」と規定され、同条第2項では「外国の国籍を有する日本国民は、その外国の法令によりその国の国籍を選択したときは、日本の国籍を失う。」となっている。そして、第14条（国籍の選択）では、「外国の国籍を有する日本国民は、外国及び日本の国籍を有することとなった時が18歳に達する以前であるときは20歳に達するまでに、その時が18歳に達した後であるときはその時から2年以内に、いずれかの国籍を選択しなければならない。」と規定されている。

（5）米国市民権等を有する人が外国において出生した場合

　米国は出生地主義を採用していることはすでに述べたとおりであるが、その場合、米国市民権等を有する人（以下「米国市民」という。）が米国国外

で子供を出生した場合にどうなるのかという疑問が生じる。これについて、東京の米国大使館のサイトにある資料に以下の説明がある。

イ 両親が米国市民の場合

　両親が米国市民で、両親のいずれかが子供の出生前に米国、米領サモア、スウェイン諸島のいずれかの場所に居住していれば、居住年数にかかわらず、その子供は米国国籍になる。

　米国は出生地主義という基準で判断すると誤解が生じるようであるが、米国市民になるためには、両親が米国市民の場合、両親のいずれかが子供の出生前に米国、米領サモア、スウェイン諸島のいずれかの場所に居住していることが条件となることから、日本に勤務する米国市民社員の夫婦が日本で子供を出産しても、その子供は米国市民となる。

ロ 米国市民と外国人の間に外国で子供が生まれた場合

　1986年に法律改正があり、現行の規定では、1986年11月14日以降に米国、米領サモア、スウェイン諸島以外の場所で、米国市民と外国人の間に子供が生まれた場合、米国市民の親が、子供の出生前に米国、米領サモア、スウェイン諸島のいずれかの場所に合計5年以上（この5年間のうち2年間は14歳以降）居住していれば、その子供は米国市民になる。

ハ 父親又は母親が米国市民で、海外で非摘出子が生まれた場合

　非嫡出子とは法律上の婚姻関係のない男女間に生まれた子供のことだが、父親が米国市民の場合、その父親が子供の出生前に米国、米領サモア、スウェイン諸島のいずれかの場所に合計5年以上（この5年間のうち2年間は14歳以降）居住していれば、その子供は米国市民になる。母親が米国市民の場合、その母親が子供の出生前に継続して1年以上米国に居住したことがあれば、その子供は米国市民になる。

（6）グアム・サイパン島等の法的な地位

　グアムは、米国の税法である内国歳入法典では、米国属領（possession）ということになっている。内国歳入法典の条項（例えば、第931条、第937条等）では、グアムの他に、プエルトリコ、米領サモア、米領バージン諸島、北マリアナ諸島が属領となっている。北マリアナ諸島は、サイパン島を中心とした地域であるが、政治的には米国属領ではない。また、これらの地域に居住する人については、グアムに居住する人は、米国市民権が与えられているが、例えば、米国大統領あるいは議会議員の選挙権を持たない等、その権利は制限的である。

3 税法と判定基準としての国籍主義

（1）問題の所在

　個人の税務に関連する税法である所得税法及び相続税法において、その個人の居住形態を判定する場合、これらの税法は、所得税法では納税義務者を居住者と非居住者、相続税法では納税義務者を無制限納税義務者と制限納税義務者に区分するが、その個人の国籍によりその課税上の地位を判定することを原則として行っていない。

　このように、居住者と非居住者の区分を基準として税法に規定する国は日本以外にも多くあるが、それ以外の少数派として、国籍による基準を採用している国として米国等がある。国籍基準を採用している米国は、日本等と異なり、国籍（市民権）を区分の基準としていることから、米国市民権を有する者は、世界のどこに住んでいても米国において全世界所得を申告する義務を負うことになる。

　これまでも日本の所得税法及び相続税法において、国籍という用語が使用されてきた例はあるが、居住地国の税負担を回避するために各国を転々として税逃れをする個人（「永遠の旅人」又は「永遠の旅行者」といわれている。）が出現する等の事態を受けて、国籍基準の採用という見直しも想定される。

本論はこの場合の問題点を検討する。

（2）国籍選択について

　日本の場合、国籍法及び国籍法施行規則の規定により、重国籍になった日本国民は、国籍の選択を行う期限が次のように定められている（国籍法14）。

①　重国籍になったときが18歳以前である場合は20歳に達するまで

②　重国籍になったときが18歳に達した後である場合はその時から２年以内

　重国籍で上記の期限内に日本国籍を選択しない者に対しては法務大臣が書面により国籍の選択を催告することになる（国籍法15①）。この催告を受けた者は、その催告を受けた日から１か月以内に日本国籍を選択しなければ日本国籍を失うことになる（国籍法15②）。

　以上のことから明らかにように、日本は、重国籍を認める米国の場合等と異なり、重国籍を認めていない。したがって、日本国籍を離脱して外国国籍を選択する場合、その者が日本に住所を有するときは住所地を管轄する法務局又は地方法務局、その者が外国に住所を有するときはその国の領事官（大使館又は公使館）に戸籍謄本、住所を証明する書面、外国国籍を有することを証明する書面を添えて、国籍離脱の届出を提出することになる（国籍法施行規則３）。

（3）国籍が規定されている税法規定

　国籍が法令に規定されているもので、国際税務に関連するものには次のような規定がある。

①　非永住者の定義において、「居住者のうち日本国籍を有しておらず」という規定がある。

②　日本国内に住所を有すると推定する場合、「その者が日本国籍を有し」という規定がある。

③　租税条約の双方居住者の振り分け規定（例えば日米租税条約第４条第３項）において、双方の締約国の居住者に該当する個人をいずれかの国の居住者と判定する場合、国籍により判定する基準が定められている。

④　相続税法の納税義務者の規定（相続税法第１条の３）において、相続人又は受贈者である日本国籍を有する個人という条文がある。

　特に、上記の①は、平成18年度の税制改正により、非永住者の旧法の定義を悪用した租税回避に対応するために現行のような規定に改められたものである。また、上記④は、平成12年度の税制改正により現行の規定になったものだが、相続人又は受贈者である個人が、外国に住所を移すことにより制限納税義務者となって相続税又は贈与税の課税を回避することを防止するための規定である。

　この例だけで速断するのは早計であるが、個人の区分をする場合、居住者又は非居住者という区分に問題があると、次に、その解決策として国籍という基準が用いられる傾向がある。

（４）国籍の離脱

　この国籍基準の弱点は、その個人が国籍を離脱して外国国籍になった場合に法令の規定が適用できないということである。

　仮に、上記（３）に掲げた法令が、日本国民は国籍を離脱することはないという仮定を前提としたものであれば、この仮定は非現実的であり、税法において国籍基準を偏重すると、国籍離脱という租税回避の手段が盛んになるという結果になりかねない規定であるということがいえる。

　例えば、本論の冒頭で述べた「永遠の旅人」のような個人が増加した場合、現行の居住者・非居住者という基準に加えて、国籍基準を重複させて個人の課税所得の範囲を定めた場合、その個人は、国籍を離脱してわが国の課税を逃れるかもしれないのである。

　コンピュータ等の通信技術の発達、為替管理の規制緩和、航空運賃の引下げ、日本からの海外旅行者の増加、各国の税率引下げ等の要素を勘案すれば、外国に居住していても生活できる環境にいる者が今後も増加するものと思われる。

　米国では、国籍基準を採用していることはすでに述べたが、他方、国籍離脱についても税法上の手当を行っている（内国歳入法典第877条）。例えば、

米国の市民権課税を回避するために市民権を放棄してタックスヘイブンの国民になった者がいるとする。この場合、この個人が米国市民権を有する者又は長期居住者であり、かつ、米国を離れる前の5課税年度の平均納税額が12万4千ドル超であること、又は、この者の米国を離れる時点における純財産が200万ドル以上である場合等の要件を満たす場合、離脱後10年間にわたり納税義務が生じる。

　したがって、今後、税法が国籍基準を採用する場合、国籍離脱した場合の処理に関する条項とセットにしないと、課税逃れの国籍離脱という現象が生じる可能性がある。

4　非永住者課税の問題

（1）非永住者の定義

　所得税法における個人の居住形態は、第1に、居住者と非居住者に区分されている。

　居住者は、「国内に住所を有し、又は現在まで引き続いて1年以上居所を有する個人」をいい、非居住者は、「居住者以外の個人をいう」と定義されている（所2①三・五）。

　居住者は、さらに非永住者とそれ以外の居住者（永住者）に区分される。

　非永住者は、平成17年まで「居住者のうち、国内に永住する意思がなく、かつ、現在まで引き続いて5年以下の期間国内に住所又は居所を有する個人をいう。」と定義されていたが、平成18年度にこの定義は改正された。

　平成18年度改正による非永住者は、「居住者のうち、日本の国籍を有しておらず、かつ、過去10年以内において国内に住所又は居所を有していた期間の合計が5年以下である個人をいう。」と改められている（所2①四）。

　このような改正に至った理由として、政府税調の資料（平成17年11月8日基礎小44-2）において、次のような非永住者制度の不適切な適用事例を掲げている。

① 　外資系企業に就職したA氏（日本国籍）は、国外で数年間勤務した後、日本企業に転職し、日本の自宅から通勤しているが、永住の意思がないとして非永住者制度の適用を受けた。

② 　外資系金融機関の日本支店に勤めるB氏は、平成9年に来日した後、平成13年まで非永住者として申告し、平成14年の途中にいったん米国に帰国した後、平成15年に再度来日し、平成15年から改めて非永住者の適用を受け始めている。

　この政府税調資料にある事例は、いずれも非永住者の定義等の適用に問題があると思われるものである。上記①は、非永住者の定義にあった「居住者のうち、国内に永住する意思がなく」という箇所を強調したもので、一般には日本国籍のある者であること等を理由として、日本に永住する意思の推定規定（平成18年度改正により廃止）の規定等に基づいて、帰国後永住者として扱われることになるのが通常である。

　上記②は、非永住者の定義のうち「現在まで引き続いて5年以下の期間国内に住所又は居所を有する個人をいう。」という期間による判定を回避した事例である。そのため、平成9年から平成13年までの4年間経過後に一度外国に出ることにより期間の計算が中断して、再来日によりこの期間計算が洗い替えて、平成15年の再来日からリフレッシュ・スタートして永住者となる5年超の期間の適用を避けている。

（2）非永住者の課税

　非永住者に該当する納税義務者は、通常、日本の会社に数年間の予定で勤務する外国人社員が典型的な例であるが、非永住者の課税所得の範囲は、「国外源泉所得以外の所得及び国外源泉所得で国内において支払われ又は国外から送金されたもの」である。

　非永住者の課税は、居住者の課税所得の範囲が全世界所得であり、非居住者の課税所得の範囲が国内源泉所得であることから、非居住者であった者が、日本における滞在が1年を超えると居住者となることで課税上の激変を避けるために、昭和32年度の税制改正により、その中間の居住形態として創出さ

れたものである。

　この非永住者の規定は、租税条約にも影響を及ぼしており、例えば、日米租税条約第4条第5項に非永住者課税による二重課税排除に係る規定がある。

　日本の非永住者規定と類似する規定は、英国の居住者（Resident）の規定に見ることができる。英国の場合の居住形態では、永住者でない居住者と永住者（Domicile）が区別されており、前者の課税所得の範囲は、選択により、英国国内源泉所得と国外源泉所得のうち英国に送金された部分とすることができる。英国の個人所得税では、この国外源泉所得のうちの国内送金部分を課税する方式が古くから採用されており、英国以外では、この課税方法が現在のシンガポールにおける個人の課税に残っている。

（3）非永住者課税の問題点

イ　非永住者課税と短期滞在免税の場合

　すでに述べたように、非永住者課税を受ける個人には、数年間日本に勤務する外国人社員が該当する場合が多い。この外国人社員の給与が本国で支払われる国外払いの場合は、次のような問題が生じることになる。

①　国外払いの給与所得は日本において源泉徴収の対象とならない。

②　国内源泉所得は、日本における勤務期間に対応することから日数按分による計算になる。例えば、年のうちの3分の1を日本以外の国の関連子会社等への出張等、年のうちの3分の2を日本国内で勤務しているのであれば、この3分の1の期間に対応する給与所得は国外源泉所得となり、日本への送金がない限り、日本においての課税は生じないことになる。

③　この外国人社員の日本における課税は、申告納税である。

　ここでの問題は、日本で課税所得の範囲とならない国外勤務分に相当する3分の1の部分である。この外国人社員が国外で勤務した国と日本との間に租税条約が締結されているとする。租税条約の給与所得条項には、短期滞在者免税という規定があり、一般的に、12か月の期間で183日を超えない期間の滞在であれば、その国において課税が免除されることになる（Ⅱ8（1）

（63頁）を参照）。結果として、この外国人社員は日本における居住形態が非永住者であることから、国外源泉所得について送金がなければ課税がなく、また、役務を提供した出張先の国でも租税条約による短期滞在者免税により課税がないという事態が生じることになる。

□　非永住者課税と第三国所得の場合

　米国市民権を有する個人は、国外に居住していたとしても、米国において全世界所得課税を受けることから、この例には該当しないが、日本に滞在している期間に非永住者となり、その個人の本国でも非居住者となる者がこの例の該当者である。

　この該当者が、日本に滞在中に、タックスヘイブン等において所得を取得した場合、このタックスヘイブン等において取得した第三国所得の課税関係が問題となる。

　この例の者の課税関係を整理すると、次のようになる。

①　本国では、非居住者として、日本源泉所得及び第三国所得に対する課税はない。

②　日本では、非永住者として、国外源泉所得からの送金がなければ、国内源泉所得のみの課税となる。

③　第三国所得は、その所得源泉地国で課税がなければ、本国、日本でも課税はない。

　この種の所得は、OECDによるBEPS（税源浸食と利益移転）防止の活動計画の対象となっている国際的な二重非課税となる。

5 所得源泉の置換え規定廃止論

（1）所得源泉の置換え規定の概要

　所得税法第162条及び法人税法第139条は、「租税条約に異なる定めがある場合の国内源泉所得」という見出しのとおり、租税条約において国内源泉所

得の規定と異なる定めがある場合には、その条約の適用を受ける法人については、国内法の規定にかかわらず、国内源泉所得は、その異なる定めがある限りにおいて、その条約に定めるところによるものとする規定である。

　すなわち、国内法における国内源泉所得（所161、法138）の所得源泉ルールが租税条約に定めるルールと異なる場合は、租税条約に定める所得源泉ルールに置き換えることで国内源泉所得を判定するという内容である。

（2）租税条約があると税負担が増加する事例

　例として、内国法人が外国A国に子会社等を設立して事業展開を図りたいと計画したとする。内国法人は、A国における事業に関連する状況を調査するために、社員数名をその国に派遣して事務所を設置して調査連絡活動等に従事させる。このように営利活動を行わず、調査等に専念するために滞在する者の事務所を駐在員事務所といい、租税条約あるいは国内法において、事業を行う一定の場所である恒久的施設には該当せず、準備的補助的活動という範疇に入り、A国において課税関係が生じないことになっている。

　このA国に所在する内国法人の駐在員事務所がコンピュータ等の事務機器等をA国法人より賃借する。この事務機器等の賃借料（リース料）は、租税条約の使用料所得に「産業上、商業上若しくは学術上の設備の使用若しくは使用の対価」という規定があればこれに該当する。したがって、設備等のリース料は、使用料所得として所得源泉地国において源泉徴収課税が行われることになる。

　多くの国が租税条約の締結に際して模範としているOECDモデル租税条約では、1992年の改正において、使用料所得条項から設備等の文言が削除されている。日本の締結している租税条約では、最近締結した条約例を中心として、対米国、英国、オーストラリア、スイス（改正）、ブルネイ、クウェート、タイ、ノルウェー、フランス租税条約等にこの規定がない。

（3）リース料に関する課税関係

　使用料所得については、2つの所得源泉ルールがある。1つは、使用料所

得発生の基因となる権利等を使用する場所に所得源泉地があるとする使用地主義で、他の1つは、その使用料の支払者の所在地国に所得源泉地があるという債務者主義である。前者の規定は、日本の国内法にある。

以下は、所得税法第161条第1項第11号（使用料）の規定である。

　国内において業務を行う者から受ける次に掲げる使用料又は対価で当該業務に係るもの

イ　工業所有権その他の技術に関する権利、特別の技術による生産方式若しくはこれらに準ずるものの使用料又はその譲渡による対価

ロ　著作権（出版権及び著作隣接権その他これに準ずるものを含む。）の使用料又はその譲渡による対価

ハ　機械、装置その他政令で定める用具の使用料

すなわち、国内法における使用地主義では、国外において業務を行う者からの使用料は国外源泉所得ということになる。

他方、債務者主義を規定している租税条約では、使用料は、その支払者が一方の締約国の居住者である場合には、当該一方の締約国内において生じたものとされる、と規定されている。したがって、租税条約が債務者主義を規定している場合、国内法と所得源泉ルールが異なることから、本論冒頭に引用した所得税法第162条あるいは法人税法第139条の規定により、所得源泉ルールが使用地主義から租税条約に定める債務者主義に置き換わって国内源泉所得を判定することになる。日本とA国との間に租税条約が締結されていて、その租税条約における規定が債務者主義であれば、駐在員事務所を有している内国法人がリース料を日本に恒久的施設がない外国法人等であるA国法人に支払うことになることから、A国法人が取得するリース料の所得源泉地は、日本ということになる。そして、租税条約に定める使用料の限度税率による課税が行われる。

以上のことを踏まえて、上記（2）の課税関係を検討すると、次の4つに分けることができる。

① A国と日本との間に租税条約が締結されていなければ日本の国内法の適用となる。

② A国と日本との間に租税条約が締結されているが、その租税条約に使用料の所得源泉地が明示されていなければ国内法の適用となる。

③ 使用料の定義に設備の対価等を含まない、あるいは使用料所得が条約免税である租税条約は課税関係が生じない。

④ 租税条約の規定が債務者主義であるために、日本において課税関係が生じることになる。

すなわち、上記の①から④までの分類のうち、日本において課税関係が生じるのは、④の場合である。結果として、上記①のように、租税条約が締結されていなければ日本において課税関係が生じなかったのに対して、④では、租税条約に基因して課税が生じた結果となる。

（4）今後の課題

上記（3）における課税は、表面的には、租税条約の存在に基因して日本における税負担が増加した結果になっている。しかしながら、租税条約の本来の役割は、所得源泉地国において税負担を減免することであり、租税条約の適用により税負担を増加させることではない。

上記（2）及び（3）の記述を整理すると、A国駐在員事務所のリース料について、日本とA国との間で租税条約が締結されていなければ、日本の国内法の規定の適用となり、その使用地が国外であることから日本における課税はない。A国と日本との間に租税条約が締結されていて、使用料に係る所得源泉ルールが債務者主義である場合、日本における課税は生じることになる。しかし、この課税は租税条約により税負担が増加したことにはならない。その理由は、国内法に所得源泉の置換え規定があり、租税条約に定める債務者主義を国内法における規定と置き換えているからである。

この所得源泉の置換え規定は、国内法と租税条約のいずれか税負担の少ない方が適用となるという規定を租税条約実施特例法にでも置けば解決する問題であるように思われる。したがって、そうであれば、この規定は廃止して

も問題がないものと思われる。

6 恒久的施設に関する規定の見直し

（1）恒久的施設に関する規定の見直しの背景

　平成30年度税制改正において、支店等の事業を行う一定の場所を示す恒久的施設（permanent establishment。以下「PE」という。）に関する規定の見直しが行われた。このPEという概念は、非居住者の取得する事業所得に対してその所得源泉地国が課税をする場合、PEの所在が要件となることから、所得源泉地国において事業所得を取得してもPEがなければ課税にならないことになり、国際税務では、「PEなければ課税なし」というある種の格言のようなものが定着している。

　上記の改正を促した背景としては、OECDが行っているBEPS（税源浸食と利益移転）防止のための行動計画に基づく勧告が影響している。このBEPS行動計画の15項目について、2015年10月に最終報告書が公表されているが、日本は、このOECDによる勧告に基づいて国内法等の改正を順次行っており、平成30年度のPE関連規定の見直しもその一環である。特に、上記の改正は、BEPS行動計画7（PE認定の人為的回避の防止）とBEPS行動計画15（多数国間協定の策定）に基づくBEPS防止措置実施条約（以下「BEPS条約」という。）第12条から第14条の規定の影響があるものと思われる。

　上記の改正により、PE関連規定にBEPS行動計画に基づく新しい規定等を盛り込んだことから、結果として、国内法の該当規定が国際税務最新版という形になっている。

（2）国内法と租税条約の関連

　現在、非居住者関連の国内法の他に、次のような租税条約等が存在している。

①　一般に租税条約といわれる二国間租税条約

② 2017年6月に日本が参加署名したBEPS条約

③ 2011年11月に日本が参加署名した税務執行共助条約

　上記のうち、②のBEPS条約が今後発効して適用となる場合、日本は、BEPS条約の適用対象となる租税条約の相手国（適用対象国）を絞り込んで選択している。この適用対象国との間において、BEPS条約の規定を選択することで合意する場合、日本と適用対象国間の二国間租税条約がBEPS条約の規定に置き換えられることになるが、BEPS条約の規定に置き換えられたとしても、国内法の規定がアップデートされていないときは、日本においてBEPS条約が機能しないことになることから、上記の改正に至ったものと思われる。

（3）主たる改正点

イ　PEの範囲

　PEの範囲については、①支店等のPE、②建設工事等の建設PE、③代理人PEをPEと規定しているが、ただし、「我が国が締結した所得に対する租税に関する二重課税の回避又は脱税の防止のための条約において次に掲げるものと異なる定めがある場合には、その条約の適用を受ける外国法人については、その条約において恒久的施設と定められたもの（国内にあるものに限る。）とする。」（法２①十二の十九、所２①八の四）として、租税条約に定めるPEが国内法として置き換えられる規定を創設している。また、政令（法令４の４、所令１の２）で定める場所は、国内にある次に掲げる場所となっている。

① 事業の管理を行う場所、支店、事務所、工場又は作業場

② 鉱山、石油又は天然ガスの坑井、採石場その他の天然資源を採取する場所

③ その他事業を行う一定の場所で①②に掲げる場所に準ずるもの

ロ　建設PE

　建設PEとは、外国法人の国内にある１年を超える長期建設工事現場等を行う場所をいい、外国法人の国内における長期建設工事等を含むと規定され

ている（法令4の4②、所令1の2②）。この1年の判定であるが、契約により分割された建設工事等の期間に国内における当該分割後の他の契約に係る建設工事等の期間を加算した期間により行うことになったが、正当な理由に基づいて契約を分割したときは、この規定は適用されない。

ハ　準備的補助的活動

従来の規定では、非居住者が国内に事務所等を有していたとしても、その活動が商品の保管、展示又は引渡し等のいわゆるその機能的側面を重視した準備的補助的活動の場合、PEとはされないとされていた。しかし、上記の改正では次に掲げる場所については適用しないという見直しが行われた。

① 事業を行う一定の場所を使用し、又は保有する前項の外国法人が当該事業を行う一定の場所において事業上の活動を行う場合において、所定の要件のいずれかに該当するときにおける当該事業を行う一定の場所で、所定の要件とは、当該他の場所が当該外国法人の恒久的施設に該当すること、あるいは、細分化活動の組合せによる活動の全体がその事業の遂行にとって準備的又は補助的な性格のものでないこと

② 事業を行う一定の場所を使用し、又は保有する①の外国法人及び当該外国法人と特殊の関係（発行済株式等の50％を超える数又は金額の株式又は出資を直接又は間接に保有する関係その他の財務省令で定める特殊の関係）にある者が当該事業を行う一定の場所において事業上の活動を行う場合、所定の要件のいずれかに該当するときにおける当該事業を行う一定の場所

③ 事業を行う一定の場所を使用し、又は保有する②の外国法人が当該事業を行う一定の場所において事業上の活動を行う場合で、かつ、当該外国法人に係る関連者が他の場所において事業上の活動を行う場合、所定の要件のいずれかに該当するときにおける当該事業を行う一定の場所

二　代理人PE

代理人PEに該当する者は、国内において外国法人に代わって、その事業

に関し、反復して次に掲げる契約を締結し、又は当該外国法人によって重要な修正が行われることなく日常的に締結される次に掲げる契約の締結のために反復して主要な役割を果たす者と規定されている（法令４の４⑦）。その契約とは、①当該外国法人の名において締結される契約、②当該外国法人が所有し、又は使用の権利を有する財産について、所有権を移転し、又は使用の権利を与えるための契約、③当該外国法人による役務の提供のための契約、である。

　独立代理人については、国内において外国法人に代わって行動する者が、その事業に係る業務を、当該外国法人に対し独立して行い、かつ、通常の方法により行う場合には、当該者は、契約締結代理人等に含まれないが、当該者が、もっぱら又は主として１又は２以上の自己と特殊の関係にある者に代わって行動する場合は、PEと判定されることになる。

7 日米租税条約の一部改正

（1）日米租税条約改正の概要

　日米租税条約の改正議定書は、平成25年１月24日（米国時間）に署名され、令和元年８月30日に発効した。

　日米租税条約には、租税条約本来の目的である国際的二重課税の排除と脱税の防止以外に、日本の国内法における非居住者課税の形成と日本の租税条約のモデルとしての影響力があり、単なる日米二国間における租税条約とはいえない部分があるが、米国議会の手続の遅れにより約６年間発効に至るまで放置された状態であったことで、租税条約としては少し古い内容となっている。しかし、日米租税条約の改正は、実務上では、所得源泉地国における課税の減免等関心をもたれる事項が多く、注目を集めている。

　日米租税条約の沿革は、昭和29年４月締結の第１次日米租税条約、昭和46年３月署名の第２次日米租税条約、そして平成15年11月に署名され、平成16年３月30日に発効した第３次日米租税条約と変遷してきた。この第２次及び

第3次と2度にわたる改正は全文改正であるので、令和元年の改正は、第3次日米租税条約の一部改正として約10年ぶりの改正であり、かつ、第3次日米租税条約にとって初めての改正である。

　上記の改正は、平成23年6月2日に条約改正交渉が開始され、約1年後の平成24年6月15日に条約改正の基本合意に達した旨の報道がされた。そして、基本合意から約半年後の平成25年1月24日に改正議定書（全15条）及び交換公文（全10項目）が署名されている。

（2）改正の主要項目

　改正の注目点は、第1に、配当所得と利子所得に係る限度税率引下げに係る規定である。第2は、税の執行に関する事項であり、納税義務者というよりも税務当局にとって重要な改正が行われている。具体的には、情報交換の範囲拡大、相互協議手続における仲裁制度の導入、徴収共助の拡大等である。第3は、第20条の教授条項が削除され、第15条の役員報酬条項の日本語表記が新しくなっている。

（3）改正項目の概要

イ　特定親子会社間配当の要件（第10条第3項）の改正

　親子会社間の配当のうち、源泉地国免税となる要件が、第3次日米租税条約の「保有期間12か月、持株割合50％超」から、「保有期間6か月、持株割合50％以上」に改正された。日本の租税条約では、現行の日英租税条約他の条約においても同様の要件により源泉地国免税を規定したものがあるが、米国の他の条約例にはこのような免税の規定はない。この改正により、米国に投資を行い、米国において合弁事業を行っている内国法人の場合、外資と50％・50％の出資比率であれば、当該米国子会社からの配当は源泉地国免税となる。

ロ　利子所得の原則源泉地国免税の規定（第11条第1項）の改正

　米国の条約例、特に米国と欧州主要国との租税条約では、利子所得の源泉

地国免税を規定している例が多くあるが、日本では初めての規定である。第11条の規定は、第1項で源泉地国免税を規定し、第2項（a）に該当する利子は10%の限度税率が課されることを規定している。なお、この第11条は、改正前の条約からの引き継ぎ部分と、利子所得の免税により削除となった条項があり、全文入れ替えとなっている。

ハ　改正配当・利子条項の適用

改正議定書発効に伴い、適用は以下のようになっている。

① 源泉徴収される租税に関しては，2019年11月1日以後に支払われ，又は貸記される額

② その他の租税に関しては，2020年1月1日以後に開始する各課税年度

二　役員概念（第15条）の明確化

日米租税条約第15条の条文は次のとおり改正されている。

「一方の締約国の居住者が他方の締約国の居住者である法人の取締役会の構成員の資格で取得する報酬その他これに類する支払金に対しては、当該他方の締約国において租税を課することができる。」

また、交換公文3では、条約第15条の規定に関し、一方の締約国の居住者が法人の取締役会の構成員として役務を提供しない場合には、当該居住者の役職又は地位にかかわらず、同条の規定は、当該居住者が取得する報酬について適用しないことが了解されている。さらに、法人の取締役会の構成員が当該法人における他の職務（例えば、通常の被用者、相談役又はコンサルタントとしての職務）を兼ねる場合には、同条の規定は、当該他の職務を理由として当該構成員に支払われる報酬について適用しないことが了解されている。

この改正は、日米間において「役員」に関する理解が異なる場合もあり、現条約の規定である「法人の役員の資格で取得する」という文言を「取締役会の構成員の資格」と英文表記を変えずに日本語の文言を改めてこの条文の対象者を明確にしたものである。

ホ　仲裁規定の創設

　移転価格課税の事例が多い日米間において、現行租税条約には、仲裁の規定がなく、日本及び米国は、他国との租税条約では、この規定を設けている。仲裁は、相互協議において合意に達しない場合等において、納税者に対するセーフティーネットとしての役割を担うものである。すなわち、相互協議が不調の場合、次の段階として、第三者から構成される委員会の決定により、調整が図られることになる。この規定が創設されたことで、移転価格課税を受ける法人にとって、救済制度が重層的になった。

ヘ　徴収の相互援助

　米国が国際的徴収システムに消極的な理由として、米国におけるレベニュールールの存在がある。このルールは、自国の裁判所が他国からの税の徴収等の歳入法を執行するための訴訟をしないというコモンローにおいて確立したルールである。米国は、税務執行共助条約の徴収の相互援助に関する条項に留保を付している。令和元年の改正では、若干の適用上の制約はあるものの、対ニュージーランド租税条約に続いて、徴収の相互援助の規定が創設されたことは、意義のあるものと思われる。

8　対サモア租税協定及びインド・モーリシャス租税条約

　2012年9月4日付けで、財務省は、サモア独立国（以下「サモア」という。）との情報交換を主体とした租税協定について基本合意に至ったことを報道している。また、2012年9月5日の読売新聞朝刊に、インドとモーリシャス間の租税条約について、インドにおける外国企業の課税に問題が生じていることについての報道がある。

（1）サモアが注目される理由

　日本は、2010年2月署名の対バミューダ租税協定以降、バハマ、マン島、

ケイマン、ジャージー、ガーンジーという、いわゆるタックスヘイブンと情報交換を主とする租税協定を締結している。この他に、タックスヘイブンである香港とは2010年11月に所得税租税条約を締結し、この条約では、金融機関等の情報交換が可能になった。また、これまで、租税条約を締結していたが、情報交換に係る規定がなかった対スイス租税条約が2010年5月に改正署名され、新たに情報交換に係る規定が盛り込まれた。

　対サモア租税協定の基本合意も外国との情報交換ネットワーク拡充政策の一環といえるが、サモア自体がどのような国で、なぜ注目されるのかについて以下少し述べることとする。

　日本の外務省の記録によると、同国は、南太平洋に所在し、その面積は東京都の約1.3倍、人口は約22万人である。1899年にドイツが西サモアを、米国が東サモアを領有した。この西サモアが1962年1月に独立し、1997年に現在の国名（サモア独立国）になった。なお、旧東サモアは現在の米国領サモアであり、ここにおける税制は、米国国内法と同じである。国の名称が単にサモアとならない理由は、この米国領サモアが存在するからである。

　サモアは、1998年4月にOECDが公表した「有害な税の競争」におけるタックスヘイブン・リストに掲げられており、注目すべき点は、英領バージン諸島、ケイマン諸島、モーリシャスと共に、対中国直接投資の多い国として名前が列挙されていることで、対中国直接投資では、サモアと共にモーリシャスも有力な投資国となっていることである。

　サモアは、ケイマン諸島のように所得税あるいは法人税等の税制がない国とは異なり、国内法として所得税及び法人税等の課税がある国で、例えば、サモア居住法人は、全世界所得に対して27％の税率により課税となることから、この税制では、同国はタックスヘイブンではないと結論づけることはできない。

　同国がタックスヘイブンとなる所以は、サモアに設立されたoffshore company（以下「国際会社」という。）の存在である。国際会社は、国外における事業活動から生じた所得についてサモアにおける課税を受けることがなく、その他のキャピタルゲイン等に対する課税もない。また、税制以外に

も、適用となる会社法が柔軟な規定を設けていることから、国際会社をサモアに置くメリットは十分にあることになる。その結果、外国資本のダミーである国際会社がサモアに設立され、対中国直接投資に利用されているものと思われる。

　日本とサモアの租税協定の締結（2013年6月4日署名）は、このような背景のあることを理解した上で、日本にとって有益な税務情報が得られることを期待したものといえる。

（2）インド・モーリシャス租税条約

　インド洋に所在するモーリシャスは、2012年当時の日本の外務省の記録によると、人口約130万人の島国である。同国は、前述のサモアと同様に法人税等の税制は整備されているが、国外において活動をする会社（以下「国際事業会社」という。）に対して租税上の恩典を与えていることから、タックスヘイブンとされている。

　租税条約について、同国は約40弱の国と条約の締結を行っていることから、租税条約の面からみれば、通常の税制を採用している国という認識ができる。

　同国の税制では、法人税率は15％、キャピタルゲインの課税はない。しかし、国際事業会社については、国外源泉所得の課税の軽減があり、その所得の80％が課税対象から除かれるために、当該会社に対する実質的な法人税率は3％になる。また、当該会社より支払われる、配当、使用料は課税にならず、利子についても所定の要件を満たすものについては、同国において課税はない。ちなみに、対インド租税条約における投資所得の限度税率は、配当が5％、利子が15％、使用料が15％である。

　冒頭に述べた新聞報道によれば、2000年から2012年5月までの外国からインドに対する直接投資の38％がモーリシャス経由となっており、インド政府は、モーリシャス等を利用した租税回避により多くの税収を失ったという観点からその対策に苦慮しているという内容である。その原因は、モーリシャスを拠点とする投資家に対して株式の譲渡益に課されるキャピタルゲイン税がインドで一定額免除されるためである。

　租税条約の世界では、このような現象が生じた例として過去に類似するものがある。筆者の知る限り、2つの事例があり、いずれも米国とオランダの間の租税条約（以下「米蘭租税条約」という。）に関連したものである。

　1つは、1992年に署名された新米蘭租税条約において、第三国居住者による租税条約の不正利用を防止するための特典制限条項を米国側は提案したが、オランダ側はこの改正を渋ったのである。その理由は、資本参加免税、金融子会社及びロイヤルティ会社等、外国からの投資を誘引する税制を敷いていたオランダにとって、外国からオランダへの投資を阻害する要因となる租税条約における規制強化は不利と考えたからである。その際に、特典制限条項の創設に消極的なオランダに対して、米国は、国内法による課税強化をちらつかせて同条項を租税条約に盛り込むことで押し切った。オランダは当時、最大の米国投資国であったが、その実質は、諸外国がオランダ経由で米国投資を行っていたからであり、その原因は、オランダの国内法及び当時の米蘭租税条約による税負担の軽減にあった。

　2つ目は、第一次の米蘭租税条約（1948年締結）が、1955年の議定書によりタックスヘイブンであるオランダ領アンチルまで適用拡大した例である。各国は対米国投資に対して、アンチルに法人を設立することにより、米国・アンチル租税条約の適用を受けて米国における課税の条約上の減免を受けた。特に、米国と租税条約のネットワークのない南米諸国にとっては、米国における課税の減免とアンチルの課税免除の双方を享受できるアンチルは絶好の投資の拠点であった。当時の米国は、前述のインド政府と同じような状況下にあったのである。結局は、1988年に米国は対アンチル租税条約を議定書により終了したことで現在この問題は生じていないが、これが教訓となり、米国は、タックスヘイブンと租税条約を締結しないという原則を確立した。

9 租税条約における仲裁規定の創設

（1）仲裁規定創設の意義

　移転価格税制により課税を受けた法人に対する二重課税からの救済措置として、租税条約に基づく相互協議があるが、両国が相互協議により合意に至らない場合、当該法人は、相互協議の次の救済手段がこれまでなかったといえる。これとは別に、移転価格税制の適用を回避するのであれば、事前に移転価格の決定方法等について課税当局と合意するＡＰＡ（事前確認制度）がある。

　米国等では、相互協議に続く救済手段として仲裁を租税条約の規定に取り入れてきたが、日本では租税条約に仲裁に係る規定を設けることに消極的で、平成22年8月25日に署名された日本とオランダとの改正租税条約（以下「改正日蘭条約」という。）及び平成22年11月9日に署名された日本と香港の新租税協定になって初めて仲裁規定が創設された。香港租税協定以降、日本が締結する租税条約の多くに仲裁規定が置かれているが、以下では、改正日蘭条約に基づいて仲裁規定の創設について記述する。

（2）　改正日蘭条約の概要

　改正日蘭条約は、条約本文が31条、議定書が13条及び交換公文が5項目から構成されている。日本の締結している租税条約の類型からすると、この条約は日米租税条約型に属するものであり、投資所得に関する限度税率が大幅に減免されている。またそれ以外の特徴としては、同条約第24条の相互協議手続にわが国の租税条約としては初めて仲裁に関する規定が設けられた。

（3）改正日蘭条約における仲裁条項の概要（同条約第24条第5項、議定書12）

　改正日蘭条約第24条によれば、この条約の規定に適合しない課税を受けたと認める者又は受けることになると認める者は、その適合しない課税に係る

措置の最初の通知の日から3年以内に相互協議を申立てすることができるが、権限ある当局は、その申立てを正当と認めるが自国において解決できないときは、他方の締約国の権限ある当局との合意によって当該事案を解決するよう努めることになる。

この相互協議手続の欠点は、双方の締約国における協議により両国の見解が対立したままの場合、合意に至らず、申立てをした納税義務者が必ずしも救済されるとは限らないことである。

そこで次の手段として、改正日蘭条約には、日本の租税条約例としては初めて仲裁規定が設けられた。

この仲裁規定によれば、問題となった事案に関する協議の申立てをした日から2年以内に、両締約国の権限ある当局が当該事案を解決するために合意に達することができない場合、当該者の要請により当該事案の未解決の事項は、仲裁に付託されることになる。ただし、当該未解決の事項についていずれかの締約国の裁判所又は行政審判所がすでに決定を行った場合には、当該未解決の事項は仲裁に付託されない。当該事案によって直接に影響を受ける者が、仲裁決定を実施する両締約国の権限のある当局の合意を受け入れない場合を除くほか、当該仲裁決定は、両締約国を拘束するものとし、両締約国の法令上のいかなる期間制限にもかかわらず実施されることになる。

また、改正日蘭条約における仲裁規定に関しては、同条約議定書12に細かな手続等が規定されている他に、国税庁は、平成22年9月1日付けで、「オランダの税務当局との仲裁手続に係る実施取決めについて」（以下「実施取決め」という。）を公表している。なお、同様に仲裁規定のある香港新租税協定についても、国税庁は、平成22年12月7日付けで、「中華人民共和国香港特別行政区の税務当局との仲裁手続に係る実施取決めについて」を公表している。

（4）仲裁条項適用による企業側のメリット

イ 相互協議不調の場合の受け皿の新設

すでに述べたように、相互協議では、例えば、移転価格課税について租税

条約を締結している両締約国間における相互協議が解決の合意に至らなかった場合、この課税を受けた企業は国際的二重課税の状況のままとなるので、その課税処分の取消し等を求めた国内法による救済に頼らざるを得なかった。仲裁条項の創設は、両締約国において相互協議が解決の合意に至らなかった場合、次の受け皿として仲裁に付託されることになり、当該企業にとっては現状以上に国際的二重課税の解消が可能となったといえる。

ロ　2年がキーワード

仲裁に係る手続等に関しては、その細則において各種の期限等の定めがあるが、基本的な期限は、相互協議申立てから2年と仲裁要請から2年以内に仲裁決定の実施が期限の大枠である。この結果、相互協議を行う両締約国の権限ある当局は、仲裁の結果が不透明であることから、相互協議において合意することに努力することが想定でき、これまでと異なり早期に合意する事態も想定できる。

ハ　第三国の仲裁人

仲裁において仲裁委員会が設置されるが、両締約国の権限ある当局が任命する委員以外に、両締約国の権限のある当局が合意する手続に従い、両締約国の権限のある当局が任命する2人の仲裁人は、仲裁のための委員会の長となる第3の仲裁人を任命することになる。したがって、仲裁決定はより客観的になる可能性があるといえる。

ニ　仲裁の要請を行った者の参加

仲裁の要請者は、直接又はその代理人を通じ、相互協議手続で許容されるのと同等の範囲で、仲裁人に対して書面又は仲裁人の許可を得て口頭により自らの立場を表明することができる。　現行の相互協議では、相互協議を申し立てた者はその協議に参加することができないが、仲裁では、その要請を行った者が意見を述べる場が与えられていることになる。

ホ　仲裁決定による確定

　相互協議により解決合意がなくても、仲裁手続に付託されると2年以内に決定がでることになり、その決定により当該事案の解決は確定する。これは、企業側にとって、課税に関連する両国間における解決策が出ることになり、現状以上に時間と労力を使う事態にはならないといえる。結果として、日中租税条約等に仲裁条項の規定を設けることが望まれる。

ヘ　仲裁制度の利用状況

　仲裁制度が移転価格等の相互協議の解決手段となることは明らかであるが、日本の場合、仲裁制度が利用されて事案が解決したというニュースは公表されていない。外国の例もあまり聞かないことから、制度は作ったがその利用をためらう事情があるのかというある種の疑いがある。

10 米国・シンガポール租税条約がない理由

（1）米国とシンガポールの租税条約締結状況

　米国の租税条約数は約70で、シンガポールが締結している租税条約数は約90である。したがって、米国は当然にしても、シンガポールが租税条約締結において他国に遅れている状況にはないことは明らかである。

　米国とシンガポール間には、国際運輸業に関する租税協定は締結されており、両国の船舶及び航空機に関して、源泉地国における所得を相互に免税することになっている。シンガポールは台湾と租税条約を締結しているが、米国は、台湾とは国際運輸業に係る相互免税を定めた協定のみを締結し、租税条約は締結していない。

　このような状況下において、不思議なことに、米国とシンガポール間に租税条約が締結されていない。なお、日本は米国及びシンガポール両国と租税条約を締結している。

（2）米国の租税条約方針

　米国は、租税条約の締結に関して頑なに自国の主張を通した例がある。その1つは、みなし外国税額控除（タックス・スペアリング・クレジット）を租税条約に規定しないという方針である。これは、1950年代に、米国・パキスタン租税条約の議会承認における議論の中で、みなし外国税額控除を認めないという結論が出たためである。実際の例として、米国・中国租税条約の交渉において、中国は、みなし外国税額控除の規定を入れることを強く主張したが、米国はその要求を受け入れず、中国は、米国が他国との租税条約においてみなし外国税額控除の規定を設けた場合、米中租税条約も改正することで妥協したのである。

　また、米国とイスラエル租税条約のように、1975年に署名され、その租税条約案が発効する以前の1980年と1993年に改正され、1995年1月から適用されたという例もある。この米国・イスラエル租税条約の施行がこじれた理由は、情報交換に関して米国議会等の理解が得られなかったからである。

　さらに、以前税務の雑誌の記事で読んだ記憶であるが、日本が米国の属領であるプエルトリコとみなし外国税額控除を規定した租税条約を締結する動きがあったというもので、この時も、米国議会は、日本・プエルトリコ租税条約に反対をしている。

　米国は、このように、自国の税法の延長線として租税条約を考え、米国議会等で確立したみなし外国税額控除の排除等の原則を堅く守っている。

（3）米国・シンガポール租税条約締結の方向

　シンガポールの法人税率は2010賦課年度より17％と低税率である。この低税率の他に、シンガポールは、経済拡大奨励法等に基づいてパイオニア企業、経営本部等の各種の租税優遇措置を講じていることでも知られている。また、同国は外国からの資金の受け入れ等に力を注いでいることは周知の事実である。そのような国が、世界最大の市場を持つ米国となぜこれまで租税条約を締結しなかったのか、ということになる。

　日本の場合は、バミューダと情報交換を主とした新しい租税協定を2010年

2月1日に署名し、香港とは新規の租税条約を締結し、最大のタックスヘイブンであるケイマン諸島とは情報交換協定が締結されている。

したがって、多額の非居住者預金を保有するシンガポールとの情報交換を望む米国と、米国における課税の減免を望むシンガポール側の利害は調整可能な状態になったものと思われる。このことについて、シンガポールは米国との租税条約締結に意欲を示しているという内容の記事がある（Linda L., Ng, "Singapore, U. S. Seek to End Tax Treaty Deadlock" TAX NOTES INTERNATIONAL, Oct. 26,2009, pp.223-224）。

この記事が伝えている内容は次のとおりである。

米国財務省の担当官の説明として、両国間における租税条約締結の障害になっていた3つの問題があり、その1は情報交換、その2は特典制限条項、その3はみなし外国税額控除ということである。

米国は、2010年3月18日にオバマ大統領（当時）の署名により成立した法案（H.R.2847：the Hiring Incentives to Restore Employment Act）の一部である「外国口座税務コンプライアンス法（Foreign Account Tax Compliance Act：略称FATCA）」を成立させている。この法律は、外国金融機関（FFI: Foreign Financial Institutions）に対して米国人等の口座情報を米国財務省に報告することを要求する内容となっている。シンガポールは、FATCAを受け入れているので、情報交換に関する障害は解消されている。

したがって、過去数十年間にわたり、両国間の条約交渉の主たる障害になっていたのが、みなし外国税額控除の問題と推測できるのである。しかし、前記の記事は、シンガポール財務大臣の発言として、米国・シンガポール租税条約の締結交渉が近いとしている。この条約交渉では、米国は、みなし外国税額控除の導入を拒絶し、シンガポールはその導入に固執しないのではないかと思われる。結果として、同租税条約は、みなし外国税額控除に関して米中租税条約と同様の結果となるのではと予測される。

シンガポールは、非居住者資金を集める金融センターとしては、アジアにおいて香港と競争状態にある。米国は、香港、台湾と租税条約を締結していないが、シンガポールとしては、米国との租税条約により、米国における投

資所得に対する源泉徴収税率の減免を得たいというのが本音ではないだろうか。

11 情報交換協定の限界

（1）日本が締結している情報交換協定

　2024年6月末現在、日本がタックスヘイブンと締結している情報交換協定は以下のとおりである。この情報交換協定は、OECD、G20等が中心となって、税務情報等の秘密保持を続けるタックスヘイブンに対して、情報の開示を求めたもので、日本は、主たるタックスヘイブンとは情報交換協定のネットワークが完成しているといえる。

① 2010年2月1日：バミューダ租税協定署名（2010年8月1日発効)

② 2011年1月27日：バハマ租税情報交換協定署名（2011年8月25日発効)

③ 2011年2月7日：ケイマン諸島租税協定署名（2011年11月13日発効)

④ 2011年6月21日：マン島租税情報交換協定署名（2011年9月1日発効)

⑤ 2011年12月2日：ジャージー租税協定署名（2013年8月30日発効)

⑥ 2011年12月6日：ガーンジー租税協定署名（2013年8月23日発効)

⑦ 2012年7月5日：リヒテンシュタイン租税情報交換協定署名（2012年12月29日発効)

⑧ 2013年6月4日：サモア独立国租税情報交換協定署名（2013年7月6日発効)

⑨ 2014年3月13日：マカオ租税情報交換協定署名（2014年5月22日発効)

⑩ 2014年6月18日：日本・英領バージン諸島租税情報交換協定署名（2014年10月11日発効)

⑪ 2016年8月25日：日本・パナマ租税情報交換協定署名（2017年3月12日発効)

　なお、上記の情報交換協定のうち、バハマは2017年2月9日に署名された議定書により改正され、OECDによる金融口座の自動的情報交換の条項を導

入している。

（2）パナマ文書と情報交換協定

パナマ文書とは、2016年4月に、パナマの法律事務所である「モサック・フォンセカ」から大量の文書等が南ドイツの新聞社に渡った事件で、この文書等には、各国の政治家、日本の富裕層あるいは企業等の名があり、これらによる軽課税国等であるタックスヘイブンの利用実態が明らかになった。

（3）パラダイス文書と情報交換協定

パラダイス文書は、2017年11月に国際調査報道ジャーナリスト連合（ICIJ）から公表されたもので、英国の海外領土であるバミューダに所在する法律事務所「アップルビー」等から流出した税務等の情報である。新聞報道等によると、日本の企業、個人名等が記載されているという報道もあり、具体的な氏名等が公になっているものもある。

パナマ文書の場合とパラダイス文書の場合の相違は、日本とバミューダの間には情報交換協定が発効して適用になっているにもかかわらず、パラダイス文書の公表で明らかになったこと等が、なぜこの租税協定の対象にならなかったのかという疑問が生じるところにある。

（4）日本・バミューダ租税協定の概要

イ　協定の条文構成

以下は、日本・バミューダ租税協定（以下「本協定」という。）の条文構成のうち、情報交換に関する規定である。

第1条（一般的定義）　　　　　　　第2条（目的及び適用範囲）
第3条（管轄）　　　　　　　　　　第4条（対象となる租税）
第5条（要請に基づく情報の交換）　第6条（海外における租税に関する調査）
第7条（要請を拒否することができる場合）　第8条（秘密）
第9条（保護）　　　　　　　　　　第10条（費用）

□　本協定の特徴

以下は、要請に基づく情報の交換（第5条）の規定である。

① 被要請国の権限のある当局は、要請に応じて情報を入手し、提供することになる。

② 被要請国は、保有する情報が情報提供の要請に応ずるために十分でない場合、自己の課税目的のために必要でないときであっても、要請された情報を要請国に提供するためにすべての関連する情報収集のための措置をとる。

③ 要請国から特に要請があった場合、被要請国は、記録の原本の写しに認証を付した形式で、この条の規定に基づく情報の提供を行う。

④ 被要請国の権限のある当局の提供する情報とは、銀行その他の金融機関等が有する情報、法人、組合、信託、財団その他の者の所有に関する情報である。

⑤ 入手、提供する義務を生じさせない情報として、上場法人に関する情報、調査対象となっている課税期間が6年前に生じたものが規定されている。

⑥ 要請国は、情報の提供を要請する際に、その要請が必要であることを証明することを規定している。

⑦ 要請者の権限ある当局が要請する際に提供する情報が規定されている。

⑧ 要請に不備がある場合の被要請者への通知が規定されている。

また、本協定第7条には、要請を拒否することができる場合が概要以下のように列挙されている。

① 要請が協定に従って行われていない場合

② 要請者が要請する情報に関して自己の領域的管轄内において利用可能なすべての手段を採らなかった場合

③ 被要請者の公の秩序に反する情報の場合

④ 調査対象の納税義務者以外の者が保有管理する情報で、当該納税義務者に直接関連しないものを要請する場合等

（5）租税条約に基づく情報交換

　国税庁から公表された「令和4事務年度における租税条約等に基づく情報交換事績の概要」によれば、「要請に基づく情報交換」は国税庁発が641件、外国税務当局発が252件となっている。この情報交換は、日本における税務調査等において不明な取引内容等を解明するために外国税務当局に要請するものである。

　また、租税条約に基づく情報交換には、「自発的情報交換」と「自動的情報交換」があるが、令和4事務年度に外国税務当局から日本に提供された「自発的情報交換」の件数は812件である。

　以上のことから推測できることは、情報交換協定を適用することで、パラダイス文書等の情報が日本にもたらされる可能性は低いということで、平成30年から日本も実施している金融口座情報自動的交換報告制度（AEOI）についても、複雑な取引を行う実態解明には多くの期待をすることは難しいものと思われる。

12 FATCAの新展開

（1）FATCAの概要

　FATCAは、2010年3月18日にオバマ大統領（当時）の署名により成立した法律（H.R.2847：the Hiring Incentives to Restore Employment Act）の一部であり、「外国口座税務コンプライアンス法（Foreign Account Tax Compliance Act）」の略称である。

　FATCAにおける主たるポイントとして、次の2つを挙げることができる。

①　課税年度中に個人が外国に50,000ドルを超える資産を有する場合、米国における申告書に、銀行口座の場合には金融機関名及びその所在地、証券等の場合には発行者名とその所在地等の書類を添付する義務を課したことである（内国歳入法典第6038D条）。これは、米国における個人所得税申

告に関する事項である。

② 　外国金融機関に対して米国人口座の情報を米国財務省に報告することに
したことである。外国金融機関がこの報告を行わない場合、当該金融機関
に対して所定の米国国内源泉所得（米国企業から当該外国金融機関への利
子、配当等）となる支払に30％の源泉徴収が課されることになっている（内
国歳入法典第1471条）。外国金融機関がこの30％源泉徴収を回避したいの
であれば、米国財務省の間に所定の報告義務に関する契約（agreement）
を締結すると、契約締結後、当該金融機関は、米国人口座の情報を米国財
務省に報告する義務を負うことになり、源泉徴収課税が免除される。

（2）日米間における銀行口座情報交換の共同声明

　2012年6月21日に金融庁、財務省、国税庁は、米国の財務省と共に、「Ｆ
ＡＴＣＡ実施の円滑化と国際的な税務コンプライアンスの向上のための政府
間協力の枠組みに関する米国及び日本による共同声明」を発表した。この背
景には、米国人等が、外国金融機関に口座を設けて脱税等による資金を隠蔽
しているケースが後を絶たない現状に対する対策の必要性の認識を日米両国
において共有したことがある。

　提供される情報として、米国人口座に関する口座所有者名称、口座残高、
利子・配当等の年間受取額等が米国の内国歳入庁へ報告されることになる。
また、金融機関からの情報提供要請に対して不同意の者がある場合、この者
については、日米租税条約の情報交換規定に基づいて租税条約実施特例法に
規定する調査権限により情報を入手して米国に情報を提供することになる。

（3）ＦＡＴＣＡにおける提供情報の内容

　2013年10月に開催された政府税制調査会[国際課税関係]におけるＯＥＣＤ
租税委員会議長の浅川雅嗣氏提供の資料において、ＦＡＴＣＡにおける提供
情報の内容、欧州5か国（英国、ドイツ、フランス、イタリア、スペイン）
の米国ＦＡＴＣＡへの対応資料が掲載されていることから、これらの資料を
参考として、ＦＡＴＣＡの日本以外への進展等を検討する。

　ＦＡＴＣＡにおける提供情報として、口座保有者を特定する事項として、口座保有者が米国人である場合、事業体であれば、その名称・所在地・米国納税者番号、個人であれば、氏名・住所・米国納税者番号が特定事項となる。また、口座保有者である米国人が支配する事業体である場合、事業体の名称・所在地・米国納税者番号、当該事業体を支配する米国人の氏名・住所・米国納税者番号が特定事項となる。これ以外に、口座番号、口座を開設している金融機関名等の他に、口座における年末の残高、当該口座に支払われた利子、配当等の総額が提供される情報となる。

（4）欧州におけるＦＡＴＣＡの展開

　日本は比較的早い段階から米国への銀行口座情報提供に同意したが、米国人等の銀行口座を多く保有するスイスの銀行の動向が注目された。2013年9月10日の日本経済新聞夕刊に、スイス下院が上院に続きＦＡＴＣＡの政府間協定を批准したことで、その後に最終的手続が終了すれば、2014年夏に施行が見込まれる同協定により、スイスは、米国に米国人の銀行口座情報を提供することになることが報道された。

　その背景には、米国において脱税をほう助したとして多額の罰金を科され、それが原因で2013年1月に廃業に至ったスイス最古のプライベートバンクであるウェゲリン（Wegelin）銀行の事件があった。ウェゲリン銀行は、米国において脱税をほう助したことに基因して、米国人預金者名の一部を公表したスイス最大手銀行のＵＢＳにおける混乱に乗じて、ＵＢＳの顧客の資産を自行に勧誘し、約12億ドルの資産隠しを行ったとして起訴され、5,780万ドルの資金の返還と罰金を支払うことで米国当局と合意したが結局廃業している。結果として、このような事件があったことから、スイス銀行家協会は、過去の脱税ほう助を謝罪し、各国との情報交換に応じることとなった。

　この欧米5か国の動向が、その後、OECDによる金融口座情報自動的交換報告制度（AEOI）へと発展することになった。すなわち、米国が外国の金融機関から米国人の口座情報の提供を受けるのであれば、他の多くの国の間でも相互に金融情報の交換を可能にしようという合意が国際的に醸成され、

AEOIへと発展し、日本も平成30年から実施している。これは、FATCAの副産物といえるものである。

（5）その後の展開

　日本は、前出の共同声明に続いて、2013年6月11日に「米国のＦＡＴＣＡ（外国口座税務コンプライアンス法）実施円滑化等のための日米当局の相互協力・理解に関する声明」を公表した。この第7節（相互主義的な情報交換）において、「米国は、条約の下での義務と整合的に、日本の居住者が米国の金融機関に保有する口座についての条約に基づく情報の収集及び交換の要請に応じることについて、日本の権限のある当局に対する協力を継続する。」と規定されていたが、欧州における対応では、米国金融機関にある欧州5か国居住者の口座情報を5か国に送付することになっている。

　日米の共同声明の約1か月後、米国財務省は、FATCA規制遵守のための政府間モデル協定又は政府間協定（IGA）を公表した。このモデル協定には、相互協定（Reciprocal version）と非相互協定（Non-reciprocal version）を選択できるモデル1協定と、非相互協定となるモデル2協定がある。日本は、共同声明にあるように、法的制約のために、FATCA 適用上の報告、源泉徴収及び口座閉鎖を必ずしもすべて履行することができないことから、モデル2協定である。FATCAの実施に関して欧州を中心とした多くの国が採用したのは、モデル1協定であり、この協定の場合は、米国からの情報提供を受けられる場合と、受けられない場合の選択となるが、日本が選択しているモデル2協定は、米国からの日本居住者に関する口座情報の提供は日米租税条約に基づき収集し交換することにより、進んで日本と協力するということで、相互協定ではない。

13 米国遺産税の変遷〜廃止と継続の連鎖〜

（1）2017年9月公表の改正案

　2017年9月末に米国の税制改正案が公表された。その改正は、1986年のレーガン大統領による86年税制改革法以来30年ぶりの大幅な税制の見直しということになった。この改正案では、連邦法人税率と所得税率の引き下げと遺産税の廃止が焦点であったが、遺産税の廃止は行われなかった。

（2）2001年法による遺産税改正

　米国は日本の相続税制とは異なり、被相続人の遺産に課税する遺産税方式を採用している。トランプ大統領はかねてからこの遺産税の廃止を発言していたが、2017年9月の税制改正法では、この大統領の発言に沿った改正案が作成されなかった。

　遺産税廃止となると障害がある。遺産税を永久廃止するためには、上院議員60名の賛成が必要であるが、米国上院の共和党員数は60名に達していない。2001年6月に成立した改正法（Economic Growth and Tax Relief Reconciliation Act of 2001。以下「2001年法」という。）によりブッシュ大統領（共和党）が行った改正では、廃止ができなかったことから税率の引き下げと控除額を増加させて10年後に1年限りで課税を停止するというサンセット方式を採用することになった。

　上記の2017年の税制改正案が、仮にこの方式を採用すると、改正法の適用後、控除額の引上げと税率の引下げを行いつつ10年後に遺産税等が1年だけ廃止されることになるが、その時の大統領はトランプ氏ではない。

（3）2001年法の2010年の改正

　2001年法では、2010年に1年限りで、米国では遺産税の課税がないことになったが、2001年法による遺産税の1年限りの課税停止のときの大統領は、2009年1月に就任したオバマ大統領であった。また、2011年以降、何らかの

法の手当てがない場合、2011年には、2001年法適用前の遺産税法に戻ることになっていた。したがって、2010年の段階では、次の2つの選択肢があった。

① 　2010年1年限りで課税停止として、翌年から2001年法前の税法（税率18～55％）の適用に戻る。

② 　2001年法の改正法を制定する。

　オバマ大統領は、上記の②を選択して、2010年12月17日に2001年法を改正する法案（Tax　Relief Unemployment Insurance Reauthorization and Job Creation Act of 2010。以下「2010年法」という。）に署名した。2010年法は、2010年1月1日まで遡及適用となり、2010年から2012年の間の控除額が500万ドル、最高税率35％となった。

（4）2010年法による不利益遡及

　2001年法では、2010年は遺産税課税停止となっていたが、2010年12月17日に2001年改正法である2010年法が成立したことで、1年限りの遺産税課税停止がなくなり、この改正は、納税義務者にとって不利益遡及ということになった。

　仮に、この不利益遡及に対して何らの手当がない場合であっても、控除額が従前の100万ドルから500万ドルに増額されていることから、2011年暦年の納税義務者は減少することが明らかで、このことで不利益遡及を放置せずに、2010年法では、さらなる救済措置が講じられた。

（5）2010年法の救済措置

　2010年法により2010年中に相続が発生した場合、次のような措置が講じられた。

　第1に、2010年法が遡及して適用になった場合、あくまでも原則であるが、遺産に対する課税（遺産税申告書であるFORM706の提出義務）があることになる。ちなみに、この場合の申告期限であるが、2010年1月1日以後に相続が開始され、かつ、2010年法の成立（201年12月17日）前である場合、2011年9月19日が申告期限となり、2010年法成立以降が相続開始である場合

は、相続開始後9か月が申告期限である。

第2に、内国歳入法典第1022条に係る選択を人格代表者が行う場合である。2001年法では、2010年について遺産税等の課税停止となることから、遺産となる財産の価額について、財産の取得価額を相続時の課税額に引き上げる方式（step-up basis）に代わって簿価引継ぎ（carryover basis）を適用することが規定されていたが、2010年法は、この2001年法の規定についてその一部を改正して、次の選択を認めた。

この選択を行う場合、FORM706の提出が不要となる。要するに、2010年について、遺産税等の課税がないことになる。結果として、2010年法の不利益遡及は、この特例としての選択（以下「特例選択」という。）により被相続人の遺産に対する課税はなくなり、2010年法の不利益遡及問題は解消することになった。

その特例選択とは、2001年法の簿価引継ぎ方式が改正されて、修正簿価引継ぎ方式（Modified Carryover Basis）が認められ（内国歳入法典第1022条）、所定の適格配偶者財産（qualified spousal property）について、引継ぎ簿価を300万ドル増加することが認められた。さらに、上記以外に130万ドルの増加が認められることから、生存する配偶者については、最高額430万ドルの遺産の簿価の引き上げが認められることになる。したがって、当該遺産を引き継いだ者が遺産取得後に当該財産を譲渡する場合、所得税の課税において、遺産の簿価に430万ドルを加えた価額を譲渡原価とすることになり、かつ、その譲渡益に対して低率の税率が適用となる。

結果として、1年限りの課税停止は原則としてなくなったが、2010年法は、各種の控除額の引き上げ等により課税が免除される方式を認めたのである。

（6）2017年改革法

税制改革案（Tax Cuts and Jobs Act）は2017年12月22日の大統領署名により成立したが、遺産税の廃止は見送られた。その議会における審議過程は次のとおりである。まず、米国下院では、2017年11月16日に下院税制法案（Tax Cuts and Jobs Act）が通過した。この下院税制法案では、遺産税の控除額

が1,000万ドルに増額され、2024年には遺産税と世代飛越税が廃止となり、贈与税率が最高35％、年間の控除額が14,000ドルとなった。次に、米国上院では、2017年12月2日に上院税制法案（Tax Cuts and Jobs Act）が通過した。2025年まで、遺産税と世代飛越税の控除額が1,000万ドルとなり、その後の、両院合意案では、1,000万ドルの控除額倍増案が決定した。米国の遺産税の控除額が日本円換算で約11億円と高額であることから、遺産税の廃止自体は大きな問題ではなくなったのである。その理由は、トランプ大統領が仮に再選されたとしても、ブッシュ大統領のときと同様に、次期大統領により法改正が行われる可能性があることから、廃止自体よりも、控除額の引き上げにより、実質的に、納税義務者の数が激減することが予測される方の影響が大きいものと思われる。

14 日米相続税条約の適用

（1）税制面から見た米国大統領選挙

　米国のブッシュ元大統領（共和党：任期2001年～ 2009年）は、その就任時に景気が下降気味なこともあって2001年に税制改正（Economic Growth and Tax Relief Reconciliation Act of 2001）を行い、2010年に遺産税の課税停止という法改正を行った。この2010年米国遺産税の課税空白は注目される事柄であったが、ブッシュ元大統領の後任であるオバマ元大統領（民主党：任期2009年～ 2017年）により遺産税法が改正されて課税が復活している。この間に、遺産税存続賛成と反対それぞれの立場から議論があった。

　そして、2010年12月17日（米国時間）にオバマ元大統領は、2001年法の延長を含む法案に署名している。

　以下は、2010年法により2011年から2012年以後までの生涯控除額税率等である。

　なお、この2012年以後の基礎控除額及び税率等は、2012年の改正により変更されている。

暦年	遺産税・GST控除額	贈与税控除額	遺産税・贈与税最高税率
2011	500万ドル	500万ドル	35％
2012	512万ドル	512万ドル	35％
2013〜	100万ドル	100万ドル	60％

（上記の表は、Joint Committee Taxation, Modeling the Federal Revenue Effects of Changes in Estate and Gift Taxation, November 9, 2012, p.6参照。）

　そして、2012年以後についても、上記の表どおりにはならず、米国の市民及び居住者に対する遺産税は、2012年12月31日後、最高税率40％で、基礎控除額500万ドルとなり、2015年は543万ドル、2016年が545万ドルの控除額となった。この控除額545万ドルは、円換算すると約５億円強ということになる。このように、民主党の大統領に代わっても、米国遺産税の控除額は日本と比較しても多額である。このような状況から、米国における遺産税の課税割合は、0.1％ないし0.2％と低く、日本と比較しても少ないことが判る。

　その後、共和党のトランプ前大統領が誕生したことで、2017年税制改正法により、遺産税の控除額はさらに引き上げられている。

（2）日米相続・贈与税租税条約の概要

　日米相続税・贈与税租税条約（以下「日米相続税条約」という。）は、昭和29年４月に署名され、昭和30年４月に発効して以降、現在まで内容の変更が行われていない。その条文構成は、第１条（対象税目）、第２条（一般的定義）、第３条（財産の所在地）、第４条（制限納税義務者に対する控除の配分）、第５条（二重課税排除の方法）、第６条（情報交換及び徴収共助）、第７条（相互協議の申立て）、第８条（外交官・相互協議）、第９条（発効、終了）の全９条である。

　日米相続税条約第４条に「制限納税義務者に対する控除の配分」という規定がある。この規定は制限納税義務者に対しても一定の人的控除を認める規定である。この場合、人的控除の額を制限納税義務者とした課税になる財産の価額を課税の対象となされる財産の全部の価額で除した比率を乗じて計算

することになる。

（3）米国内国歳入法典の規定

　米国遺産税の申告書はForm 706-NAであるが、その解説書（Instructions for Form 706-NA）には、内国歳入法典第2102条（b）（3）に規定があり、被相続人が日本居住者であり、米国の非居住外国人である場合、米国市民・居住者用の控除額が、米国国内財産を日米合計の総財産で除した割合を乗じた額に減額されて控除することになる。なお、米国の場合は、基礎控除額を相続財産から控除する方式ではなく、基礎控除額の税額控除換算額を税額控除することになる。例えば、すでに述べたように、米国における非居住外国人の控除額は6万ドルで、税額換算すると、1万3千ドルとなる。

（4）米国国内法の規定

　内国歳入法典第2102条（b）（3）の規定の見出しは、2102条が「税額控除」、同条（3）が「特例」で、同条（b）（3）が「租税条約との調整」である。なお、念のため、上記の規定を以下に掲げる。その概要は、米国の非居住外国人で、米国との相続税租税条約が締結されている国の居住者である場合、米国市民・居住者用の控除額が、米国国内財産を日米合計の総財産で除した割合を乗じた額に減額されて控除することになる、という内容である。

（3）Special rules　　（A）Coordination with treaties

To the extent required under any treaty obligation of the United States, the credit allowed under this subsection shall be equal to the amount which bears the same ratio to the applicable credit amount in effect under section 2010（c）for the calendar year which includes the date of death as the value of the part of the decedent's gross estate which at the time of his death is situated in the United States bears to the value of his entire gross estate wherever situated. For purposes of the preceding sentence, property shall not be treated as situated in the United States if such property is exempt from the tax imposed by this subchapter under any treaty obligation of the United States.

　日米相続税租税条約は、今から約60年に締結された条約であり、当時の米国における遺産税の課税方式がどのようなものであったのは不明であるが、米国における課税は、上記の規定により明白となっている。

　現状において、米国遺産税の基礎控除額が2020年では邦貨で約10億円強となり、例えば、日米双方に遺産があり、被相続人の米国の遺産の比率は約半分ということになると、米国では、基礎控除額の2分の1の金額（約5億円）以下であれば、米国遺産税の納税義務は生じないことになる。

（5）具体的な適用関係

　上述したように、日米相続税条約及び米国内国歳入法典第2102条（b）（3）の規定の適用を受けて、米国における控除額が米国所在の遺産額を上回れば納税額は生じないことになるが、日米相続税租税条約の適用を受けて、米国における遺産税の課税を免れたことになる場合、「租税条約に関連したことによる報告義務」が生じる。米国の財務省規則§301.6114-1（Treaty-based return positions）にこれに関連した規定がある。なお、手続としては、遺産税申告書のForm 706NAに、租税条約の適用による控除を受けることを示すForm8833を添付することになる。

15　富裕層包囲網と税務行政執行共助条約の現状

（1）富裕層対応の包囲網（その1：国内法）

　平成27年度税制改正により、財産債務明細書が見直され財産債務調書が創設された。その結果、富裕層等による国外財産等を課税当局が把握することを目的とした国外送金等調書、国外証券移管等調書、国外財産調書及び財産債務調書の4つの法定調書制度が整備されたことになる。

　この他に、上記改正により、居住者のうち、国外転出後に日本における居住形態が非居住者となる者の国外転出時における国外転出特例対象財産の合

計額が１億円以上である場合、その対象資産の含み益に所得税及び復興特別所得税が課税されることとなった（いわゆる「出国税」）。

　新設の財産債務調書は、その適用範囲が従前の総所得金額等2,000万円超の要件に加えて、３億円以上の財産又は１億円以上の国外転出特例対象財産を有する者とする要件が加えられた。したがって、総所得金額等2,000万円超でかつ１億円以上の国外転出特例対象財産を有する者は、居住者である期間は、財産債務調書を提出することが課税当局に管理され、国外転出時は、出国税が課税される。

（２）富裕層対応の包囲網（その２：租税条約等）

　上記の**（１）**は、国内法の適用であるが、国外財産等を有する富裕層には、国外からの情報提供というルートがあり、このルートには、３つの経路がある。

　第１は、租税条約による情報交換で、この情報交換は、①要請に基づく情報交換、②自発的情報交換、③自動的情報交換の３つの形態がある。

　第２は、金融口座情報自動的交換報告制度（AEOI）である。これについては、外国口座税務コンプライアンス法（以下「FATCA」いう。）の説明から始めることになる。FATCAは米国の法律であり、外国金融機関に対して米国人口座の情報を米国財務省に報告することを要請したものである。このFATCAの影響を受けて、2014年５月にパリにおいて開催されたOECD閣僚理事会はAEOIの宣言を採択した。この会議には、OECD加盟国34か国とアルゼンチン、ブラジル、中国、コロンビア、コスタリカ、インド、インドネシア、ラトビア、リトアニア、マレーシア、サウジアラビア、シンガポール、南アフリカが参加していることから、この会議には、G20のすべての国が参加していることになる（FATCAについて、詳細は**12**（219頁）を参照のこと。）。

　そして、第３は、通常の二国間租税条約ではなく、多国間租税条約の適用である。これが次の項で取り上げる税務行政執行共助条約である。

（3）税務行政執行共助条約（Convention on Mutual Administrative Assistance in Tax Matters）の現状

　税務行政執行共助条約（以下「共助条約」という。）は、OECD及び欧州評議会により検討され作成されたもので、1986年 7 月にOECD租税委員会、1987年 4 月に欧州評議会閣僚会議において条約案が採択されている。その後、1987年 6 月に欧州評議会閣僚会議、1987年10月にOECD理事会で署名のために開放することが合意され、1988年 1 月25日にOECD加盟国及び欧州評議会加盟国に署名のために開放された。

　日本は、1988年の開放後、当初は参加に意欲を示したが、外国の参加の動向が思わしくない等の理由から、消極的な姿勢に転じ、約20年余が経過した。

　その後、日本は、フランスにおいて開催されたG20において、当時のフランスのサルコジ大統領の提唱により、2011年（平成23年）11月 4 日に共助条約に署名し、2013年（平成25年） 6 月28日に受託書をOECDに寄託し、同年10月 1 日にこの条約が発効している。

　共助条約の主な役割は、①同時税務調査及び他国の税務調査への参加を含む情報交換、②保全措置を含む租税債権徴収における協力、③文書の送達、である。したがって、共助条約が動き出すと、同時税務調査等に基づく情報交換ということになる。

　税務行政執行共助条約の締約国110か国（令和 3 年 2 月現在）のうち、以下は、日本と共助条約のみを締結している国等である。

① 　欧州（14か国等）

アルバニア	アンドラ	北マケドニア	キプロス	ギリシャ
グリーンランド	サンマリノ	ジブラルタル	セルビア	フェロー諸島
ボスニア・ヘルツェゴビナ	マルタ	モナコ	モンテネグロ	

※ 　セルビアは、令和 3 年12月に租税条約発効
※ 　ギリシャは、令和 5 年11月に租税条約署名（令和 6 年 8 月現在未発効）

② 　北米・中南米（20か国等）

アルゼンチン	アルバ	アンギラ	アンティグア・バーブーダ	エルサルバドル
キュラソー	グアテマラ	グレナダ	コスタリカ	セントクリストファー・ネービス
セントビンセント及びグレナディーン諸島	セントマーティン	セントルシア	タークス・カイコス諸島	ドミニカ共和国
ドミニカ国	パラグアイ	バルバドス	ベリーズ	モンセラット

③ 　アジア・大洋州（9か国等）

クック諸島	ナウル	ニウエ	ニューカレドニア	バヌアツ
パプアニューギニア	マーシャル諸島	モルディブ	モンゴル	

④ 　アフリカ（18か国）

ウガンダ	エスワティニ	ガーナ	カーボベルデ	カメルーン
ケニア	セーシェル	セネガル	チュニジア	ナイジェリア
ナミビア	ブルキナファソ	モーリシャス	モーリタニア	リベリア
ルワンダ	ベナン	ボツワナ		

⑤ 　中東（3か国）

バーレーン	レバノン	ヨルダン		

16　欧州各国の課税管轄権の複雑さ

（1）問題の所在

　欧州諸国のうち、英国、フランス、オランダ、デンマークには、これらの国が有する離島の地域と海外領土がある。これらの地域については、欧州各国の領土ではあるが、その本国の税制の適用等については、種々の状況がある。また、これらの地域は、ＥＵの法律が適用になる地域とならない地域に

分けることができる。このように、各国の課税管轄権とEU法の適用等が、欧州地域では重層的になっていることから、EUにおける課税問題、特にEU付加価値税の適用についてはこれらの事項の整理が必要となる。

　EUの付加価値税に関する基本規定は、欧州経済共同体時代の1977年第6次指令とその改正（97/200/EC）及び2006年の理事会指令（2006/112/EC）（基本規定）である。この2006年指令第6条に規定する当該指令の適用外となる地域として、①ギリシャにあるアトス山（宗教的な自治区）、②スペインのカナリア諸島、③フランスの海外県、④フィンランド領のオーランド諸島、⑤英国領のチャンネル諸島が掲げられている。このように、EU域内において、各種の事情から、付加価値税指令の適用外となる地域があり、細かく見ると、EU域内にも課税管轄上の複雑性があることがわかる。

（2）英国の場合

　平成21年12月3日にわが国の最高裁第一小法廷において判決が出された事案は、チャンネル諸島のガーンジー島の税制に関連したものであり、当地に設立された内国法人の子法人に対する課税が、0％から30％の範囲において課税当局と合意した適用税率の問題であった。

　この問題となったチャンネル諸島のガーンジー島は英国の領土であるが、例えば、日本と英国との間の租税条約（日英租税条約）において定義された「英国」とは、グレートブリテン及び北アイルランド（UK：連合王国）をいい、ガーンジー島は、日英租税条約の適用外の地域である。このガーンジー島と同様の状況にある英国領土は、ジャージー島、マン島があり、いずれも王室属領という地位にあり、英国の税法はこれらの地域に適用されない。付加価値税については、マン島は同税を課しているが、前述のようにチャンネル諸島では同税の課税はない。

　英国領としては、これらの王室属領以外に、タックスヘイブンとして有名なケイマン諸島、英領バージン諸島、バミューダ等があり、これらの地域は、課税に関する自治権を持っていることから英国本土と異なる独自の税制を有している。この例として、中国返還前の香港がこれに当てはまる。香港は、

英国の海外領土であったが、英国税法の適用はなく、低税率のタックスヘイブンとして有名で、中国返還後もその税制は継続している。

（3）フランスの場合

　日仏租税条約における適用地域として、フランスは同国のヨーロッパ県及び海外県並びにこれらの県の外側に位置する区域と規定されている。フランスの海外県には、フランス領ギアナ等のカリブ海に所在するものと、レユニオンのようにインド洋に所在するもの等がある。これらの地域は、行政上、フランス国内と同様であり、ユーロ圏である。しかし、これらの海外県は、ＥＵ付加価値税指令の適用外となる。

　上記以外のフランスの海外領土では、ユーロ圏に含まれる地域と、ニューカレドニア、フランス領ポリネシアのように、ＣＦＰフランという独自の通貨を使用する地域に分かれている。税制面では、例えば、ニューカレドニアの場合、ニッケル産業を除く一般法人の法人税率は30％（国内源泉所得のみ課税）で、付加価値税（ＶＡＴ）あるいは売上税はない。これらフランスの海外領土は、前出の海外県とは少しＥＵとの関係が異なることになる。

（4）オランダの場合

　オランダの海外領土であるカリブ海に所在するアンチルとアルバは、自治権を有しており、タックスヘイブンとしても有名である。前者のアンチルは、かつて米国と租税条約があり、この租税条約を不正に利用するトリティー・ショッピングの対米投資の基地として有名であったが、2010年に解体され、キュラソー等の各島はオランダの自治領又は自治体として、それぞれ分離した。これらのオランダの海外領土は、タックスヘイブンであることから、ＥＵ付加価値税等とは関連がない。

（5）ポルトガルの場合

　ポルトガルには、マディラ諸島、アゾレス諸島という大西洋の島がその領土にある。この両諸島は、本土から離れていることもあって自治権が与えら

れている。例えば、付加価値税の税率が、ポルトガル本土とこの両諸島では異なっており、2011年1月1日以後のポルトガルの付加価値税は、標準税率が23％、軽減税率が13％、超軽減税率が6％であるが、執筆時点で、アゾレス諸島においては、標準税率が18％、軽減税率が9％、超軽減税率が4％、マデイラ諸島においては、標準税率が22％、軽減税率が12％、超軽減税率が5％である。以上のことから、ポルトガルに属する前出の両諸島は、ＥＵ付加価値税指令の適用外の地域ではないが、ポルトガル本土とは異なる税率となっている。

（6）スペインの場合

　スペインのカナリア諸島は、ＥＵ付加価値税指令の適用外の地域であることは前述のとおりである。カナリア諸島は、スペイン本土から離れていること等の理由から、同諸島への投資を促すために税制上の優遇措置を講じている。

　例えば、スペイン本土の法人税率の基本税率は25％であるが、カナリア諸島の特別地区において操業することが認められた法人については、所定の要件を満たすことを条件として優遇税率が適用となる。また、カナリア諸島は、すでに述べたようにＥＵ付加価値税の適用外の地域であるが、同諸島では7％の標準税率の一般間接税が課税となっている。

（7）オーランド諸島

　公用語はスウェーデン語。フィンランドの自治領で、この地域もＥＵ付加価値税の適用外の地域である。

（8）英国領ジブラルタル

　英国は、すでに述べたマン島、チャンネル諸島というタックスヘイブンを本国の近隣に有しているが、欧州地区では、スペインに隣接するジブラルタルもタックスヘイブンである。この地区は、地中海の出入りを監視できる要衝にあり、英国が長年にわたり領土としている場所で、ＥＵ付加価値税の適

用除外地域ではないが、法人税率が英国本土よりも低く、かつ、ＥＵにおける拠点としての役割もあることから、近年注目されている場所といえる。

17 英国における一般否認規定の導入

（1）導入の背景

　日本においても租税回避に対して、従来どおり個別否認規定の拡充により対処すべきという考え方と、かつて導入を断念した経緯のある一般否認規定（General Anti-Avoidance Rules。以下「GAAR」という。）をこの際導入すべしという意見がある。

　租税回避事案による訴訟等が頻発しているのは、多くの先進国にみられる現象といえるが、米国は、租税回避に係る制定法として、2010年 3 月10日に成立したHealth Care and Education Reconciliation Act of 2010（H.R. 4872）第1409条（Codification of economic substance doctrine and penalties）により経済的実質原則（Economic Substance Doctrine。以下「ESD」という。））を立法し、ESDに定める 2 つの要件を満たさない場合に租税回避と判断する方式を採用した。

　米国は、1935年のグレゴリー事案の最高裁判決により、判例法の公理として確立した事業目的という判定要素が、その後の判例により事業目的と経済的実質の 2 つの要件として確立したのであるが、この公理が判決ごとに一貫したものとはいえない状況が生じたことから、制定法化に踏み切ったのである。

　英国では、米国のグレゴリー最高裁判決と同年に、法令を厳格に解釈する立場からのウエストミンスター事案貴族院判決（1935年）が出され、英国における租税回避に対する判決に同貴族院判決が長期間影響を及ぼしたのである。

　しかし、英国では1970年ごろから租税回避が多発する事態となり、ウエストミンスター事案貴族院判決に対する批判的な見解が出始めて、1981年に、

事前に計画された取引全体等から判断して租税回避を否認する立場のラムゼイ社事案貴族院判決（以下「ラムゼイ判決」という。）が出された。

その後、ラムゼイ判決による原則を支持したバーマ石油会社事案貴族院判決、ドーソン事案貴族院判決、そして、ラムゼイ原則を支持しなかったホワイト事案貴族院判決と租税回避を巡る判決の動向も揺れ動いていた。

21世紀に入って、バークレイ・マーカンタイル・ビジネスファイナンス事案貴族院判決では、国側が勝訴したとはいえ、ラムゼイ原則が認められなかったこと等が生じた。そして、2011年4月のメイズ事案控訴審判決では、これまでの判決では否認が認められた状況にもかかわらず、国側が敗訴したのである。

（2）DOTAS制度の創設

英国の歳入関税庁（Her Majesty's Revenue and Customs。以下「HMRC」という。）は、2004年に租税回避スキームに対する早期の警告及びこれらのスキーム利用者の特定のために、租税回避スキームの開示（Disclosure of Tax Avoidance Schemes：DOTAS）制度を創設した。この制度の対象税目は、所得税、法人税、キャピタルゲイン税、付加価値税であったが、後日、土地譲渡印紙税（SDLT）、国民保険料（National Insurance contributions）にまで拡大した。

この制度の執行は成果を上げて、政府は、2004年以降、毎年租税回避の対抗立法を行い（計49回）、120億ポンドを超える租税回避を防止した。

米国財務省は、1990年代に法人によるタックスシェルターの濫用による租税回避に直面し、1999年にその分析と立法化への要望を含む報告書を公表している。そして、2004年10月成立のJob Creation Act により濫用型タックスシェルターに対する情報収集の強化が行われた。

この英米両国が同時期に同様の施策を講じたこととしては、JITSIC（国際タックスシェルター情報センター：Joint International Tax Shelter Information Centre）が、米国、英国、オーストラリア、カナダの課税当局により2004年にワシントンに開設したことが挙げられる。

（3）GAARの制定

イ　GAAR導入までの沿革

　以下は、英国におけるGAAR導入までの動向である。

① 2013年財政法第 5 款及びシェジュール43に一般否認規定であるＧＡＡＲを規定して2013年 7 月17日より適用されることになった。

② 2011年11月21日：アーロンソン弁護士（Graham Aaronson QC）による報告書（以下「導入報告書」という。）が公表された。

③ 2012年予算において、2013年財政法によりGAAR導入を公表。

④ 2012年 6 月12日：歳入関税庁（HMRC）は、GAARに関する立法草案を公表して各界からの意見を求めた。同年12月11日に、その意見は集約されて公表された。

⑤ 2013年財政法第 5 款（第206条から第215条）及びシェジュール43にGAARを規定して2013年 7 月17日より適用されることになった。

ロ　導入報告書のポイント

　同報告書における基本的なスタンスは、GAAR導入が課税当局に対して租税回避否認の武器を与えることではなく、また、英国における企業経営に悪影響を与えるという批判も考慮することであった。その結果、広義のGAARの導入は、英国の租税システムに適さないという判断が下され、濫用型の租税回避に対する対抗策としてのGAARが想定され、正常な租税計画（responsible tax planning）に対しては適用されないことになった。

ハ　監視委員会の設置

　シェジュール43では、GAAR適用に関する監視委員会（Advisory Panel）等に関する規定が置かれている。この監視委員会は、GAARの執行に関して中立的な立場から監視をすることになっている。

　英国の導入したGAARは、行き過ぎた租税回避を防止する一方、例えば、公平性を阻害する、あるいは企業活動の障害等の弊害を最小限にする工夫として、監視委員会が設置される等、単なる法改正ではないことに注目すべき

であろう。この点、同様に、租税回避規定の制定法化を図った米国とは異なる管理方式を採用しているといえる。

　GAARについては、オーストラリア、カナダ等においてすでに導入されているルールであるが、多国籍企業による国際的租税回避、各国課税当局による各種の協力体制の確立、情報交換協定ネットワークの拡充等、新しい動向のなかで、日本も義務的開示制度の導入等を併せてこの問題を考える時期に至ったのではないだろうか。

18　国際的な税逃れ対策の効果

（1）税逃れ対策とは何か

　2013年7月にモスクワにおいて開催されたG20財務相・中央銀行総裁会議において、OECDのグリア事務総長が多国籍企業の国際的な課税逃れを防止するための対策を盛り込んだ行動計画を報告した。この背景には、2012年に世界的に有名なコーヒー販売会社による英国における租税回避の事例、アイルランドあるいはオランダの税制等を巧みに利用した大手IT企業による租税回避等が顕在化したこと等があり、これらを受けて、各国が協調してその対策を講じるという機運が高まり、OECDが具体的なルール作りを行うことになったからである。

（2）なぜ今なのか

　OECDは、有害な税の競争の除去という活動として、1996年以降、各国の経済及び税制等に悪影響を及ぼすタックスヘイブン、租税優遇措置の除去活動を展開してきた。このような活動が行われた背景として、世界の国々は、その国の財政状況等に応じて自国の税制を定めることができる課税管轄権を有しているが、所得税・法人税等のないタックスヘイブン、特定の事業等に租税優遇措置を講じて税負担を軽くしている国等が世界にあり、移動可能な企業等は、その事業上の拠点をこれらの税負担の軽い国に移すことが可能で

あるという事実がある。その結果、先進諸国において経済の空洞化現象が生じ、移動可能な企業が国外移転した国は必然的に企業課税から消費等中心の税制にシフトせざるを得ず、これらの国々では税制に歪みが生じるのである。このような状況は、約20年前にOECDが有害な税の競争除去の活動を始めた時と現在では、大きな変化はなく、年々各国の税収が著しく減少しているという差し迫った事態になったことは明らかである。

（3）富裕層の課税

　2013年のOECDの行動計画の対象は多国籍企業であるが、世界の富裕層という個人課税の分野についても、OECD租税委員会は注目している。OECDは、2008年3月に個人富裕層フォーカスグループを設置し、同年10月に「OECD租税委員会における個人富裕層プロジェクトに関する意見の募集」を行っている。そして、2009年5月開催の第5回税務長官会議（Forum on Tax Administration：FTA）において金融機関あるいは個人富裕層等の税務遵法性向上のための取り組みとして4つの報告書が公表されている。国税庁は、このようなOECDの動向等を受けて、個人富裕層に対する専担部署の創設等に向けて取り組む方向となった。

（4）税務行政における国際的協調

　前出のOECDにおける有害な税の競争防止の活動の成果は、タックスヘイブンと先進諸国との情報交換協定の締結、有害な租税優遇措置の除去という成果を生み出した。

　日本の場合、2010年2月の対バミューダ新租税協定署名から始まり、2011年1月の対バハマ新租税情報交換協定署名、同年2月の対ケイマン諸島新租税協定署名、同年6月の対マン島新租税情報交換協定署名、同年12月の対ジャージー新租税協定署名、対ガーンジー新租税協定署名、2012年7月の対リヒテンシュタイン新租税情報交換協定署名、2013年6月の対サモア独立国租税情報交換協定署名、そして、2014年3月の対マカオ、同年6月の対英領バージン諸島、2016年8月の対パナマにおける租税情報交換協定が署名され

た。日本が主たるタックスヘイブンと情報交換協定を結ぶに至った背景には、ＯＥＣＤにおける活動等が寄与したことは事実である。

また、これ以外に2011年11月４日に、日本は、多国間の税務執行を円滑にするための条約である税務行政執行共助条約に署名し、2013年10月１日に同条約は発効している。この条約により、同時税務調査、徴収共助等が行われることになり、税務執行に新しい局面をもたらすことになった。

この他に、JITSIC（国際タックスシェルター情報センター：Joint International Tax Shelter Information Centre）という組織を作ることを、日本、米国、英国、オーストラリア、カナダの税務当局の長官が合意し、2007年秋に英国のロンドンに開設された。これは、米国のJITSIC ワシントンに次ぐ２番目のJITSIC である。現在は参加国も増え、日本の国税庁から国際的租税回避スキーム解明の専門家が派遣されている。

このように、ＯＥＣＤが有害な税の競争防止を始めた頃と比較すると、税務執行の面で各国の協力度合いが一段と緊密になっている。

（5）逃税と消税現象

逃税という言葉は筆者の造語であるが、冒頭で述べた多国籍企業の税逃れはまさに逃税というものである。本来であれば、その企業の本拠地の国で課税を受けるべきであるが、タックスヘイブン等を巧みに利用することで本来の課税を逃れている。個人の場合、個人が住む場所を各国転々とすることで、税負担の軽減を図るような「永遠の旅人」問題もこれに該当するものといえる。

また、消税も筆者の造語であるが、インターネット取引等に関するもので、課税の枠から外れてしまうことを指したもので、一時期問題とされた電子書籍に係る消費税の課税問題等がこれに該当する。結局のところ、ＯＥＣＤは、この逃税、消税現象に対する対策について期限を示して行うことになったのである。

（6）対策の効果

　この税逃れ対策の効果については疑問視する論調もあるが、一例として、移転価格税制の適用を考えてみる。移転価格税制は、各国国内法の整備、ОЕＣＤによるガイドラインの作成、租税条約における相互協議、仲裁制度の創設、移転価格の決定方法に関する事前確認制度の拡充等、種々の知見が積み重なってきてはいるが、二国間における所得の配分については、利害の対立があることも事実である。このように、ある事象に関して総論部分としては、各国が共通の認識を共有することは可能であるが、実際の税額のやり取りという部分に関しては、各国共通のルールがないといえる。

　移転価格税制に関して、米国の場合は、財務省規則が整備された1960年代後半から、日本の場合は、同税制が創設された1986年以降、現在まで多くの時間が経過したにもかかわらず、利害の対立の解消法は確立されていない。移転価格税制は、二国間の問題であり、今回の税逃れ対策は多国間の問題であるとしても、二国間の問題が解消されていない状況下で、多国間における利害の調整は可能といえるのかはなはだ疑問であるが、今後の推移を興味を持って見守りたいと思う。

19　多国籍企業の税逃れ問題

（1）事実関係

　話の発端は、2012年10月のロイター通信の記事（注）である。この記事では、世界的なコーヒーチェーンであるＳ社（米国を本拠地とする多国籍企業）が英国において課税逃れをしていたという内容である。そして、このような事実を背景として、2013年2月にモスクワで開催されたＧ20において、ОЕＣＤに対して課税逃れ防止を策定するように求めたのである。なお、この時期（2008 ～ 2010年）における英国の法人税率は、28％である。英国の法人税率は、2011年4月から26％、2012年4月から24％、2013年4月から23％、2014年4月から22％で、2020年には17％になっている。

　問題はＳ社が英国において利益をあげていたにもかかわらず、種々の方法を組み合わせて実施することで、英国において課税上、損失を計上することで法人税の納税を逃れていたことである。

（注）Tom Bergin, Special Report - How Starbucks avoids UK taxes
　　　（https://www.reuters.com/article/world/uk/special-report-how-starbucks-avoids-uk-taxes-idUSBRE89E0F4/）（2024年7月24日ダウンロード）、事実関係についてはこの記事から多くを引用している。

（2）問題の所在

　ここにおける問題点は3つある。第1は、どのような操作をすることで、英国において損失を作り出したのかという点であり、第2は、英国Ｓ社が2013年から2年間に利益に関係なしに2,000万ポンドの法人税を納付することで英国課税当局と合意したことである（2012年12月7日：日本経済新聞電子版）。第3は、日本の経験であるが、アマゾン社の事案（同社の恒久的施設が日本に存在するかどうかで争った事案）において、アマゾン社は、日本以外に、フランス、ドイツ、ルクセンブルグ、英国において課税案件を抱えていることが同社の報告書に記載されていたことである。

　第1と第2の問題はＳ社自身の問題であるが、第3の問題は、Ｓ社と同様に多国籍に事業を行うＩＴ関連企業、外食産業等に対して、関係各国の課税当局が足並みを揃えた処理をしないと、ある国では課税、他の国では課税なしという事態が生じる可能性があるので、この点は今後の動向が注目されたのであるが、その後に関連するニュースを聞いていない。

（3）使用料の支払

　英国Ｓ社は売上金額の6％をブランド等の知的財産権の使用料として支払っていた。Ｓ社と同様に多国籍に展開している大手ハンバーガーチェーンのＭ社の支払う使用料は4〜5％であった。この使用料は、英国Ｓ社の損金として処理され、その支払先は、オランダのアムステルダムに所在する英国Ｓ社の関係会社である欧州本部のＥ社である。この英国から支払われる使用料については、英蘭租税条約の適用ということになるが、この租税条約では、

使用料所得は条約免税となる。この使用料について、オランダにおける課税関係は明らかではなく、一部がスイスにある関係会社に送られていると推測されている。オランダ・スイス租税条約では、使用料所得は条約免税であり、スイスにおける受取使用料に課される税率は２％である。

　この使用料所得は、本来であれば、Ｓ社の本拠地である米国に送金されるのであるが、米国において法人所得となると日本よりも高率な法人税が課されることから、この使用料所得は海外にプールされたものと思われる。

（４）関連会社からの仕入

　英国Ｓ社が使用するコーヒー豆は、オランダの関係会社（オランダのＥ社とは別法人）において焙煎され、スイスのこれも関係会社を通じて輸入していた。結果として、英国Ｓ社の利益は、オランダとスイスの関係会社に分散されたことになっていた。英国は、移転価格税制を整備していることから考えると、英国Ｓ社における原材料費について仕入金額過大という税務調査が行われたのかどうかは不明である。本来であれば、このような税務処理をもって、高額支払使用料と過大仕入金額ということで移転価格税制の調査が行われそうなものであるが、このような税務調査が行われたかどうかは不明である。Ｓ社グループが、英国Ｓ社の税務問題を事前にプランニングしていたことは明らかなものと推測できることから、移転価格税制のある意味では初歩的な調査については、十分な対策が施されていたものと思われる。

（５）関連企業間への過大支払利子

　この手法も所得の海外移転を行う場合によく行われる方法であるが、英国Ｓ社は、ロンドン銀行間取引利率（ＬＩＢＯＲ）の利率に４％を加えた利率で支払っていた。

（６）検討課題

　ＯＥＣＤは、過去に、有害な税の競争の防止の一環として、タックスヘイブンにおける税務情報の透明性の確保の他に、タックスヘイブン以外の国に

おける租税優遇措置の廃止を求めた活動を行ったが、この活動では、各国の税率についてはその国の課税高権であるとして放置せざるを得なかった。以前、フランス政府が所得税率の引き上げを発表した際、フランスの俳優がロシア国籍を取得して移住するというニュースがあったが、法人においても同様なことが想定できる。したがって、税率の均一化という形の解決は難しいといえる。

　多国籍に事業展開をする法人グループにとっては、グループ全体の税コストをいかに引き下げるかが経営上の重要項目である。他国と比較して高税率の国において事業展開を図る必要があるグループにとっては、この高税率の国に所在する法人所得をいかに引き下げるかということになる。

　日本は、世界有数の消費国であるとともに、比較的高い法人税率の国である。この英国における税逃れ問題は他国の問題として無関心ではいられないはずで、過去において、世界的な飲料水メーカーの世界的な歌手を使ったＣＭが多くの国で使用された際に、その宣伝費用を関係会社間においてどのように負担するのかが問題になったことがある。

　その当時と現在とは大きく違う点がある。それは、税務執行共助条約及び締結している租税条約の情報交換条項を適用した各国の課税当局間における情報交換の進展である。具体的には、同時税務調査等を通じて、その取得した情報を関係各国において交換する等の措置が可能となったことである。多国籍に展開する企業に対して、各国課税当局が国境の壁に遮られる状態は次第に解消されつつある。また、タックスヘイブンも各国と情報交換を主体とする協定を締結することにより、税務情報の情報化が進んでいるといえる。

20　義務的開示制度の導入か？

（1）義務的開示制度は導入されるのか？

　新型コロナウイルスの影響等もあり、今後の税制改正を予測することは難しいが、これまでの経緯をまとめると、令和３年度以降の税制改正において、

義務的開示制度（Mandatory Disclosure Rules。以下「MDR」という。）導入の可能性はあるといえる。以下は導入を推測する根拠である。

イ　OECDによるBEPS行動計画12との関係

　平成27年10月5日にOECDが行っている租税回避防止策であるBEPS行動計画12「タックス・プランニングに関する開示義務に関する勧告」（以下「勧告12」という。）の最終報告書が公表されている。日本は、このOECDの活動に財務省幹部職員が主導的な役割を果たしてきたこと等の理由から、BEPS行動計画に掲げられた勧告を受け入れて国内法の改正等を行っているが、MDRに係る勧告は実施していない。なお、この勧告12は、OECDによる強制ではなく、各国が実情に応じて受け入れを勘案できることになっている。

ロ　税制調査会の動向

（イ）平成27年版

　　上述した勧告12の最終報告書が公表された同月に開催された政府税制調査会第6回の国際課税ディスカッショングループ資料（平成27年10月23日）にある「税源浸食と利益移転 解説文」の内にMDRに関する解説がある。それによれば、報告書の概要として、MDRは、事前照会制度や自発的情報開示制度等の情報開示制度及び一般否認規定と相互補完関係にあるところ、MDR導入を検討する際には、それらの制度・規定との関連性についても精査する必要がある。また、今後の対応として、各国が勧告を踏まえて、所要の措置を講ずる。わが国においても、勧告の内容を踏まえ、MDRの導入の必要性を検討する、としている。ここで注目すべきはMDR導入と一般否認規定（以下「GAAR」という。）の関係に言及していることである。

（ロ）平成28年版

　　政府税制調査会説明資料（平成28年10月25日）〔国際課税③〕にある「BEPS最終報告書における開示義務に係る項目ごとのオプション・勧告等（3）」にある他の情報開示制度等との関係では、MDRは、ルーリング、

調査及びアンケート、自発的開示、協力的コンプライアンス・プログラム及びGAARと相互補完関係にあると説明している。ここにおけるGAARについては、「租税回避行為の税効果を否認することを可能にする税法上の規定。義務的開示制度により開示された租税回避行為に対して、税務当局が直ちに対処することを可能とし、同時に、義務的開示制度の抑止効果を高める」と説明している。

(ハ) 平成29年度版

　政府税制調査会説明資料（平成29年11月１日）〔国際課税〕では、MDRについて、「一般的に義務的開示制度は、「租税回避」を定義していないが、ここでは便宜上一定の報告基準に該当するスキームを「租税回避スキーム」という。」と説明している。すなわち、タックス・プランニング（以下「TP」という。）のうち、一定の報告基準（本項では「開示基準」という用語を使用している。）に該当すると、「租税回避スキーム」として税務当局に報告されるということである。このことは、後でも述べるが、所定のTPは、「租税回避スキーム」として税務当局の監視下に入るということを意味する。

(二) 平成29年度税制改正大綱

　与党税制改正大綱では、MDRを「中期的に取り組むべき事項」として、「国税当局が効果的かつ適時に必要な情報を入手するための最適な既存・新規制度の組み合わせも検討する。」としている。

　その後、平成30年度以降、平成31年度、令和２年度の改正において、MDRに関する記述はない。

（2）MDR導入は外圧か？ 国際税務は「横並び」が重要

イ　米国におけるMDR導入とGAAR創設

　米国は、1970年代には個人所得税の最高税率が70％と高率であった。このような状況が個人を租税回避に走らせる原因となり、高額所得者を中心として個人のタックスシェルターの利用が増加した。その対策として、1984年にMDRが導入され、1999年には、法人のタックスシェルターが増加したことを受け、財務省は、その対策のための報告書を作成している。米国における

現行法は、2004年にMDRを大幅に改正したもので現在に至っている。なお、米国は、GAARを2010年に創設している。

タックスシェルターの効果として、次のようなことが想定できる。

① 人為的な損失あるいは控除の発生と分配により所得との相殺ができること

② 所得分類を課税上有利な所得に変更することができること

③ 所得源泉地あるいは所得の帰属者の変更等の操作等が行えること

ロ 英国におけるMDR導入及びGAAR創設

英国では、1965年代後半にロイ・ジェンキンス財務大臣により一般否認原則（General Anti-Avoidance Provision）導入が提唱されたことがあるが、それまで課税のなかった富裕層の株式譲渡益課税を目的としたCapital Gain Taxが導入されたことで、GAAR導入は見送られている。その後、民間団体であるTLRC（Tax Law Review Committee）が1997年判決の事案（IRC v McGuckian（1997）STC 908）における1981年ラムゼイ判決への回帰によるある種の実質主義的な司法判断を恐れてGAAR導入を検討したが、国側は、租税回避対策として、2004年にGAAR導入の機運を鎮静化させるために、英国版MDRであるDOTAS（Disclosure of Tax Avoidance Schemes）制度を導入している。

したがって、英国の場合、タックスシェルターによる租税回避対策として導入された米国のMDRとはその背景が異なっている。なお、英国は、2013年財政法によりGAARを創設している。ちなみに、DOTASの適用上、税務当局に対して開示することになる要件は、次のとおりである。

① 仕組み取引あるいは仕組み取引に関する計画が存在すること

② 税務上の便益を提供するスキームが存在すること

③ 税務上の便益の取得が主たる便益の1つであることが期待されていること

④ 当該スキームが9つある基準（導入時は8つ）の1つに該当すること

ハ　その他の国々

　カナダは、タックスシェルター対策として1989年に通達により開示義務を課し、2010年にMDRを導入している。アイルランドは、2015年に歳入庁長官名でMDRのガイダンスを公開している。この他には、イスラエル、韓国、ポルトガル、南アフリカの諸国がMDRを導入している。メキシコは、2020年の税制改正においてMDRを導入し、2021年1月から施行となっている。

二　国際税務は「横並び」が重要

　OECDによるBEPS行動計画に基づく勧告の意図するところは、各国の税制及び締結している租税条約の内容等に相違があることから、租税回避防止規定が不足している税制等の内容を整備して、そのレベルを引き上げ平均化することである。

　GAARについては、G20 の国のほとんどがこの規定を創設しており、EUは、2016年7月にEU理事会で採択された租税回避対策指令（Anti-Tax Avoidance Directive：略称ATAD）によりGAAR等を原則として2018年末までに同指令に準拠した国内法を整備して2019年1月からこれを適用することとなっている。

　各国の税制は、個別の課税管轄権に基づいて税目、課税方法、税率等それぞれ異なることは当然であるが、こと租税回避に関しては、租税回避規定の不足あるいは弱点等がないように「横並び」にすることが重要である。「租税回避スキーム」は弱点のある税制の国で横行することになる。その意味で、世界第2位の富裕層人口が存在しているにもかかわらず（2022年9月2日：日本経済新聞電子版）、MDRもGAARも法制化していない日本は、「横並び」から若干落ちこぼれている状態といえる。

（3）MDR導入で何が変わるのか

　MDRは、TPのうち所定の開示基準を満たす「租税回避スキーム」として税務当局にその概要、顧客名簿等を報告する制度である。前述した税制調査会資料によれば、この制度を、納税者側からの情報開示制度の1形態と位置

付け、MDR導入に際して、同様の制度との調整を図りたい意向と推測できる。しかし、MDR導入は、情報開示制度の１形態という位置付けには終わらない以下に掲げる波及的影響を及ぼすものである。

　第１は、これまで租税回避に対する税務当局の対応は、事後調査による処理あるいは否認が無理な場合に後追いによる個別否認規定の創設等という「事後的対処法」が主であった。それに対して、MDRは、事前にTPの概要を税務当局の知るところとなることから事前の「予防的対処法」が可能になることである。

　第２は、報告された「租税回避スキーム」について、税務当局は是否認の判断を報告者に開示しない。しかし、「租税回避スキーム」が税負担の軽減を目的としたもので、税務当局が、いわゆる「行き過ぎた仕組み取引」に該当するものと判定しても、それを否認する法令上の規定がなければ、その取引を否認することはできない。そこで、MDR導入によりGAAR創設ということになれば、これまでの租税回避に対する対応に新たな局面が生じることになる。ただし、創設されるGAARの形態により、税務当局の処理も異なることになるが、この件は後述する。

　第３は、MDRにより、TPの利用者の顧客名簿が税務当局に報告されることになる。その結果、「租税回避スキーム」を利用して税負担の軽減を図っていた者にとって、後日の税務調査を恐れて「租税回避スキーム」に対する投資を抑制する効果が生じることになる。

（4）通常の税理士業務に影響はあるのか

　MDRが実施されると、TPのうち所定の開示基準に該当する「租税回避スキーム」が税務当局に報告されることになる。したがって、「租税回避スキーム」に該当しない節税行為は報告の対象外であることから、通常の税理士業務とMDRが関係することは少ないといえる。しかし、税務関連の役務提供において、開示対象のスキームの租税の軽減をデザイン、販売、組織化、管理等に責任のある者をプロモーターというが、この定義に会計士や税理士等が該当する場合は、開示義務者となる。税理士法人等において、節税となる

TPをデザインして広く顧問先に利用することを促すような場合、定義次第ではプロモーターに該当する可能性があるので要注意である。

　また、MDR導入とセットでGAARが創設される場合、GAARの内容次第では、「合法取引」あるいは「租税法律主義による否認の根拠法令」という安全装置がGAARにより崩される可能性がある。

（5）日本型MDRを予測する

イ　日本型MDR導入の選択肢（その1：簡便型）

　税制調査会資料にあったように、納税者側からの情報開示制度の1形態として、開示基準等も簡素にして導入するという選択肢もあるが、そうであるならば、平成29年度税制改正大綱において「中期的に取り組むべき事項」とした以上、令和2年度の税制改正辺りで導入が行われてもよかったのではと思われる。この形態の導入の欠点は、TPのうち、「租税回避スキーム」に該当しない事例が多く生じることである。税務当局としては、「租税回避スキーム」の範囲に多くの事例を取り込んで監視下に置き、その処理を検討することが望ましいのではないかと思われる。

ロ　日本型MDR導入の選択肢（その2：本格型）

　前述した英国のDOTASにおいても、詳細な9つの開示基準が規定されている。しかし、詳細な規定を設けた場合、例えば、「租税回避スキーム」として、「税務上の便益の取得が主たる便益の1つであることが期待されていること」という基準は必要になろうが、「主たる便益」の判定をどうするのか、多額の税負担の軽減という意味で数値基準を導入するのか、不確定概念のまま訴訟にその判断を委ねるのか等々、MDR適用上の課題が残ることになる。

ハ　日本型MDR導入の選択肢（その3：GAARとのセット）

　日本型MDR導入に際して、上記の簡便型あるいは本格型のいずれを選択するにしても、「租税回避スキーム」として報告された取引に関して、税務当局は、税務調査前の段階で是否認に関する判断をする必要が生じることに

なる。報告された「租税回避スキーム」が、税務上の便益取得を目的とした
ものであることが明白なものであっても、否認するに足る根拠法令がなけれ
ば、後追いの個別的否認規定の創設という事態になることもあり得ることに
なる。しかし、MDRを導入しても、GAARの創設を見送ると、MDRの効果
が半減することになる。結果として、GAAR創設見送りの選択は、国際税務
における「横並び」から日本がドロップアウトすることになる。しかし、税
務当局の判断で見送りになるのであれば、「租税回避スキーム」のプロモー
ターにとって、日本は虎視眈々と狙える市場ということになる。

二　開示対象の範囲

　開示基準は、TPのうちから「租税回避スキーム」を判定する基準という
ことで、MDRの入口ということになる。税制調査会資料では、次の２つの
形態が想定できる。

①　主要便益テスト（前提条件）＋一般基準＋特定基準

②　一般基準＋特定基準

　前提条件とある主要便益テストは、租税回避に着目して、主な便益が税務
上の利益を得ることである。

　一般基準としては、販売活動に着目して、守秘義務（納税義務者）と成功
報酬等が含まれている。また、特定基準としては、高リスク分野に着目して、
損出しスキーム、リースバック取引等、少額基準（デミニマス基準も採用可）
となっている。

　以上のことはいずれも抽象的であることから、わかりやすくするために、
以下に具体例を挙げる。

①　前提条件の有無は立法者の判断であるが、租税回避ということを客観的
　にみるために、通常の取引と比較して多額の税負担の軽減をしていること
　はやはり前提であろう。

②　一般基準として、プロモーターが存在すること。この場合、国内ばか
　りでなく国外に所在する場合、あるいは報告義務を回避するために国外

に移転している場合、報酬の有無で判断されるのであれば、表面上は無報酬として、関連者にその報酬が払われる形態等、少し広くプロモーターを定義しないとMDR逃れという現象が生じることになる。さらに、英国のPOTASのように、租税回避を繰り返す常習者に対する重課規定と、プロモーターの範囲に「租税回避スキーム」をアドバイスした金融業者等の仲介者も含めるべきであろう。

③　日本にも多く見られる「損出しスキーム」の場合、令和2年度改正の対象となった「国外中古建物への投資」がその典型例である。しかし、この取引自体を定義すると、新たな取引形態が出現することもあるので、（プロモーターの関与）＋（損出しスキーム等）という基準で判定するのはどうであろうか。

（6）GAAR創設とMDR導入の関係

GAAR創設については、MDR導入と切り離す場合と、セットにする場合が想定できることをすでに述べている。GAAR創設先送りあるいは創設しないのであれば、MDRの適用上、問題が発生することもあろうが、これも1つの選択肢である。

GAAR創設の場合は、以下の2つの形態が想定できる。

①　包括型GAAR：この形態は英米等において導入されているものである。日本でこの形態を創設するのであれば、国税通則法に規定を置くこととなるが、昭和36年の国税通則法改正において「実質課税の原則」を規定することが見送りとなったこと等の議論が再燃して収拾がつかなくなる恐れがあることと、税務当局の権限強化を懸念する等、その適用を巡っては議論が起こることになる。包括型GAAR創設に反対する論者は、前述の国際税務の「横並び」の必要性を無視したものである。

②　目的限定型GAAR：この形態は、MDRの適用に限定して、法人税法第132条の枝番規定等と同様の規定を設ける方法である。組織再編、連結納税及び外国法人に関する行為計算否認の規定がいわゆる枝番規定等であるが、上記①のような反対意見は少ないものと思われる。

（7）租税回避防止の新しい局面

　税負担の軽減を図ることを租税回避というのであれば、これは納税者の権利であり、税務当局から指摘を受ける事項ではない。しかし、その租税回避が、本項で述べる「租税回避スキーム」に該当する場合で、もう1つのテスト（例えば、行き過ぎた租税回避等のテスト）に該当すれば、将来、税務当局から課税処分を受けることになる。また、テストに該当しないのであれば、追加の課税処分はないことになる。

　この（TP）➡（開示基準）➡（「租税回避スキーム」）というMDRの工程は、租税回避の判定における重要なポイントである、税務当局による是否認のボーダーラインとして、「租税回避スキーム」が区分基準として機能することになる。しかし、テストに該当せず、追加の課税処分はないスキームについても、その概要の資料は税務当局に把握されていることから、税務調査でこの件について質問されることになろう。

　いずれにせよ、「租税回避スキーム」の該当性が新たな局面のキーワードである。

（8）MDR導入後の税務行政

　MDRが導入される場合、開示取引に関して国税庁が検討すべき事項は以下のとおりである。

① 　開示取引の提出先（納税地を有しない外国プロモーターの場合の提出先）
② 　受領した開示取引の分析検討はどこで行うのか。
③ 　例えば、各国税局レベルで分析が行われる場合、国税庁の一元管理で対応できるのか。
④ 　罰則を適用する場合の責任者は誰か（税務署長・国税局長・国税庁長官）。
⑤ 　開示された取引の概要等は国税庁のホームページ等で公開されるのか。

　日本の場合は、外国からの輸入型TPが想定されることから、クロスボーダー MDRの対策が必要である。例えば、最高裁平成18（2006）年1月24日判決の映画フィルム事案は、英国の1992年貴族院判決のあったエンサインタンカー社事件と類似する内容である。このようなことから、日本の場

合、2018年に改正されたEUのDAC 6 （Directive on Administrative Cooperation）のように、報告対象の国際的仕組み取引の義務的自動情報交換の範囲と諸条件に係る事項の整備等を諸外国と行い、AEOIと同様に、OECDによる情報交換制度の確立に依存することが必要になろう。

（9）税務当局の責任

令和2年3月11日に東京地裁において、組織再編税制を巡り、大阪国税局から約400億円の申告漏れを指摘された塩野義製薬が課税処分の取り消しなどを求めた訴訟について、課税処分を取り消す判決があった。

この事案は、原告法人が大阪国税局に当該組織再編について、事前照会を行い、同国税局が口頭で適法の旨の回答をしたにもかかわらず、後日の税務調査で照会した事項に関して申告漏れが指摘されたのである。東京地裁判決では、事前照会と信義則との関係に触れていない。どのような経緯があったのかは、判決文から推測できないが、素朴な疑問として、なぜ、文書で回答しなかったのかという点と、回答の有効性について、税務当局の「納税者へのサービスの一環」という表現は問題があり、今後は、文書回答を原則として、その回答に双方が責任を持つようにならないと、時間をかけた意味がないように思える。

MDR導入は、税務当局にとって有利な制度である。MDRの反対給付という訳ではないが、税務当局も既存の文書回答の内容を柔軟化して、受領した「租税回避スキーム」についての判断を示すという納税者サービスを実施してもよいのではないかと思えるのである。

21 BEPS条約の護送船団方式の功罪

（1）BEPS条約の現状

本項では、BEPS条約という名称を使用しているが、この条約は、正式には、「税源浸食及び利益移転を防止するための租税条約関連措置を実施

するための多数国間条約」（Multilateral Convention to implement Tax Treaty Related Measures to Prevent BEPS：英文略称はMLI（Multilateral Instrument））といい、平成29（2017）年6月7日にパリにおいて日本も含む68か国・地域が参加署名をしており、令和6（2024）年5月には参加国が101か国・地域に増加している。日本におけるBEPS条約に係る国内手続は、平成30（2018）年5月18日に国会で承認され、同年9月26日に留保及び通告を提出しており、適用可能な状態である。これとは別に、平成30（2018）年7月1日に同条約発効の条件である5か国が批准書等を寄託したことから、同条約は発効している。

　BEPS条約は、各国がこの多国間条約に参加して、この条約に定める規定等を、租税回避防止という側面で既存の二国間租税条約に適用することによりこの分野が強化されることで、多国間において租税回避防止のレベルアップが図れることを意図したものである。

（2）BEPS条約の問題点（外的要因）

　BEPS条約を執行する上で、これを取り巻く状況という外的要因にある問題点と、条約自体という内在する問題点の2つがある。

　外的要因の問題点は、米国の不参加である。米国以外にも、ブラジル等も不参加であるが、世界経済において最も影響力のある米国がこの条約に参加していないということは、租税回避防止関連の規定について、米国の締結している租税条約はその影響を受けないということである。

　米国は、2017年末に税制改正法（The Tax Cuts and Jobs Act：TCJA：P.L.115-97）が成立し、無形資産の軽課税国への移転を防止するために、米国においてグローバル無形資産軽課税所得（Global Intangible Low-taxed Income：GILTI）を合算対象とする所得となるように内国歳入法典第951条Aを創設する改正を行った。そして、米国財務省は2018年9月13日、GILTIの合算計算に関する財務省規則草案（Proposed Regulations）を公表し、同年11月26日にGILTIに係る外国税額控除に係わる規則草案を公表している。

　また、これ以外にも、国外関連者への当該年度の税源浸食的支払（使用

料、役務提供料、利息、保証料等が含まれる。）を規制する税源浸食濫用防止税（Base Erosion and Anti-Abuse Tax：BEAT）が創設され、対象法人は、RIC（規制投資会社：所定の要件を満たす証券投資信託）、REIT（不動産投資信託）、S法人（小規模法人）を除き、過去3年間に米国事業により生じた平均年間総収入が5億ドルを超え、かつ、税源浸食割合が3％以上となる法人である。

　以上のことからわかるように、米国は、OECDの行っているBEPS（税源浸食と利益移転）行動計画に対して、上記のような国内法の改正等を通じ、租税回避（米国から所得が国外に移転するケース等）に対してそれなりの対策を講じているが、すでに述べたように、米国の締結している租税条約への影響は少ないといえる。

　例えば、BEPS条約では、恒久的施設（PE）に関する課税強化を図る規定が整備されている。日本も平成30年度税制改正において、BEPS行動計画における勧告を遵守して国内法におけるPE関連の課税を強化したのである。しかし、日米租税条約がBEPS条約の影響を受けないことから、具体的にいえば、米国居住者が、日本の国内法に規定する代理人PEと判定されるような活動を行ったとしても、租税条約に該当する規定がないことから、租税条約の優先適用ということで、改正された日本の国内法の適用はなく、この米国居住者は、日本で課税関係が生じないことになる。

　このことは、BEPS条約そのものの問題点ではないが、米国等の不参加が、BEPS条約の適用上、ある種の真空地帯を作り出したことは、この真空地帯を利用した租税回避の余地を残したことになる。

（3）護送船団方式の意味

　本項の標題は、「BEPS条約の護送船団方式の功罪」であるが、その意味は、BEPS条約参加国に多くの軽課税国等が含まれていることである。軽課税国等には、法人税、所得税等の課税のない国等から、法人税率が10％台という低税率の国等が含まれている。

　例えば、BEPS条約署名国等で、かつ、軽課税国等である国等の締結して

いる租税条約であるが、アンドラ（6）、ガーンジー島（9）、ジャージー島（10）、香港（36）、マン島（8）、リヒテンシュタイン（15）、モナコ（8）、となっており、括弧内は租税条約数である。

　上記のうち、マン島とジャージー島は、それぞれが自治権を有していることから、独自の税制を制定し、英国の王室属領であるが、英国税制が適用にならない。また、いずれも、軽課税であることからタックスヘイブンということができる。税制では、株式の譲渡益等に課されるキャピタルゲイン税、相続税の課税がないことから、富裕層にとっては有利な税制である。ジャージー島は、法人税の基本税率が0％であるが、金融業は税率10％、公益会社の税率は20％、その他同島で生じた所定の特別な所得の税率は20％である。また、マン島は、法人税の基本税率が0％であるが、金融業は税率10％、公益会社の税率は20％、その他同島で生じた所定の特別な所得の税率は20％である。源泉徴収の課税はない。

　マン島の締結している租税条約の相手国には、基本的に法人税及び個人所得税の課税がないバーレーン、法人税率が10％で個人所得課税のないカタール、オフショア法人所得に課税のないセーシェル、香港と並ぶ低税率国であるシンガポール等との租税条約がある。

　要するに、軽課税国・地域同士の租税条約に、BEPS条約を適用するということになるが、以上に掲げた国・地域は、税負担を軽減して、外国からの投資を呼び込むこと等を目論んだ政策を実行しているので、課税強化に対しては消極的といえる。そもそも、軽課税国間において租税条約を締結する意義があるのかという疑念が生じるが、税の軽減を租税条約で担保して、クロスボーダーの投資資金等の流通を確保する狙いがあるように思われる。

　OECDは、BEPS条約への参加については、これらの軽課税国・地域を受け入れる姿勢である。その理由は、これらの国・地域を除外すると、そこに国際税務上のループホールができることから、課税強化に消極的なこれらの国・地域も受け入れているものと思われる。

　そのため、BEPS条約に参加した場合、必ず守るべきミニマム・スタンダードの規定数を少なくして、参加へのハードルを下げている。本項は、このよ

うな姿勢を「護送船団方式」に例えているのである。この方式は、緩い規制であっても、ないよりもあったほうがましという考え方であろう。また、参加国としては、参加しないことによる規制強化を避ける意味で、「義理的参加」という意味もあるように思われる。

22 アマゾン300億円納税の背景

（1）報道された内容

　令和元年12月22日に報道された内容は、アマゾン・ドット・コム社（以下「アマゾン」という。）　が日本国内の販売額を日本法人の売上高に計上する方針に転換し、平成29（2017）年と同30（2018）年12月期の２年間で計300億円弱の法人税を納付していたというものである。その背景としては、アマゾンの日本法人は、米国の親会社から業務委託報酬として手数料収入を得ることで日本における収益を抑えていたが、外国法人が契約主体では事業展開上の制約が多かったということである。

（2）過去の課税の経緯

　インターネット通販世界最大手のアマゾンの海外販売の総括は、米国シアトルに本社のあるアマゾン・ドット・コム・インターナショナル・セールス社（以下「AIS」という。）が行っている。AISはアマゾンの子会社であり、日本の顧客がアマゾンから商品を購入するときは、AISと契約することになっていた。このことが、上記（1）で外国法人が契約主体と記述した背景である。

　AISの日本子会社として、アマゾンジャパン・ロジスティクス社及びアマゾンジャパン社（以下「日本子会社」という。）があり、日本における商品流通を担当し、AISから手数料収入を得る構造であった。なお、上記２社は平成28（2016）年５月に合併し、現在はアマゾンジャパン合同会社となっている。

　この取引形態では、日本の顧客の多くは、契約相手先がアマゾンであることは認識していても、AISと契約していることを知らないものと思われる。

　AISは、同社が日本に事業を行う一定の場所である恒久的施設（以下「PE」という。）を有していないと判断して申告していなかったが、税務調査により、平成15（2003）年から平成17（2005）年までの３年間について課税処分を受け、平成21（2009）年に約140億円の追徴課税を受けた。

　日本の税務当局は、AISのPEが日本にあると認定して課税処分を行った。当時の報道内容から推測すると、AISから日本子会社の職員に対して業務上の指示をしていたこと等、AISが日本にPEを有しているという判断に基づいて課税処分をしたものと思われる。

（3）課税処分の結末

　アマゾンの2010年９月30日現在の米国証券取引委員会（SEC）に対する４半期報告書（以下「報告書」という。）によれば、2010年６月に、日米双方は、仮の合意に達し、同年９月に、2003年から2005年の間における日米間における所得の配分について最終合意に達したことが記述されている。その詳細は報告書において明らかではないが、当初の決定額が大幅に減額されたことが想定できる。

　また、アマゾンは、日本以外に、フランス、ドイツ、ルクセンブルグ、英国において課税案件を抱えていることが報告書に記載されている。いずれこの結末については、何らかの発表が課税当局からあるものとも思われる。なお、日本では、平成18（2006）年から平成21（2009）年までの年度についても課税処分が行われた模様である。

（4）アマゾンの課税履歴

　以上、2000年頃から日本における販売活動を開始したAISは、商品の販売益を自社に帰属させ、日本子会社には手数料を支払う取引形態を採用した。上記の課税履歴は下記のとおりである。

①　平成15年〜平成17年の間の事業年度について決定処分（減額で決着）

②　平成18年～平成21年の間は、課税処分が行われたが結論不明。上記①同
　　様の結論か。

③　平成22年～平成28年の間は、詳細不明（従来どおりか？）

④　平成29年・30年度は計300億円納税。

（5）日米租税条約の影響

イ　日米租税条約の沿革

日米租税条約の沿革は以下のとおりである。

①　日米原条約（昭和29年4月署名、昭和30年4月発効）

②　第2次条約（昭和46年3月署名、昭和47年7月発効）

③　第3次条約（平成15年11月署名、平成16年3月発効）

④　第3次条約一部改正（平成25年1月署名、令和元年8月発効）

第2次条約と第3次条約では、PE関連条項の改正はない。

ロ　アマゾン側の見解

アマゾン側は、同社の取引形態について、日米租税条約第5条第1項に規
定するPEは日本になく、該当しないという見解と推測できる。

AISは日本子会社を有しているが、第5条第7項では、子会社を有してい
たとしても、PEにはならないという規定がある。

（6）平成30年度の税制改正（準備的補助的範囲に係る改正）

従前は、事務所等の場所が源泉地国に存在していても、その活動が商品の
引渡しや購入という所定の準備的補助的活動に該当する場合はPEに認定さ
れないことから、一部のIT通信業者は、PEの判定を人為的に回避してきた
ため、平成30年度にこの部分の改正が行われた。

すなわち、外国企業が、相当数の使用人を雇用し、製品の保管、引渡しの
みを行うための巨大倉庫を保有して製品の保管・引渡しの活動を行うような
場合、従前の規定では、PE認定の例外に該当し、外国企業は国内にPEを有
しないこととなっていたが、改正後は、倉庫を通じて行われる活動が事業

の本質的な部分を構成している場合、PEと認定されることになった。なお、準備的補助的な性格のものでない活動の場合はPEと認定するように改められたことで、建設PE又は代理人PEを有する場合についても、同様の措置が講じられている。

（7）BEPS多国間条約と国内法の改正の影響

　AISは米国法人であることから、日米租税条約の適用対象者である。上記（6）で述べたように、平成30年度の国内法はアマゾンが課税となるような改正をしたが、日米租税条約が優先適用されることから、AISの課税への影響はない。

　また、OECDが進めているBEPS条約については、米国は不参加であることから、BEPS条約が日米租税条約を改正することはない。

（8）アドビ事件

　アドビ事件とは、平成20年10月に東京高裁で判決があったIT企業に関連する移転価格課税の事案であるが、同社は、バイセル方式から手数料方式に変更して移転価格の調査を受け、国側敗訴となった。上記アマゾンのケースの逆バージョンである。

23　BEPS条約適用対象国のなぞ

（1）BEPS条約の概要

　標題のBEPS条約は、OECDによる租税回避防止を目標としたBEPS行動計画の一環として制定された多国間租税条約で、正式名称は、「税源浸食及び利益移転を防止するための租税条約関連措置を実施するための多数国間条約」（Multilateral Convention to implement Tax Treaty Related Measures to Prevent BEPS）、英文略称はMLI（Multilateral Instrument）である。

　この条約は、2017年6月7日にパリにおいて日本も含む68か国・地域が参

加署名をしており、2024年6月には参加国が101か国・地域に増加している。日本におけるBEPS条約に係る国内手続は、2018年5月18日に国会で承認され、2018年9月26日に留保及び通告を提出しており、適用可能な状態である。これとは別に、2018年7月1日に同条約発効の条件である5か国が批准書等を寄諾したことから、同条約は2019年1月1日に発効している。

（2）BEPS条約の目的と適用

BEPS条約は、租税回避防止を目的にOECDにより作成された多国間条約で、各国が締結している二国間租税条約にBEPS条約を適用し、補完することで、二国間租税条約の規定の整備とレベルアップを図るものである。

日本の場合を例として、BEPS条約が適用となる場合には以下の条件を充足する必要がある。

① 日本と租税条約（所得税租税条約のことで情報交換協定は除く。）を締結していること。

② 日本と条約相手国双方がBEPS条約の適用対象国として共に選択していること。

③ 日本と条約相手国がBEPS条約の規定に関して適用することを共に選択していること。

④ BEPS条約の批准書等を寄託（留保・通告の提出）していること。

BEPS条約が上記の条件を満たす場合、発効・適用することになる。

日本はすでに2018年9月にOECD事務総長に対して批准書等の寄託を済ませていることから、条約相手国が批准書等の寄託を行えば、BEPS条約が発効・適用ということになる。

（3）適用対象国の「なぞ」

日本がBEPS条約の適用対象国として選択したのは、43か国・地域である。本項の標題にある「なぞ」とは何かということになる。

① 適用対象国は、BEPS条約に参加した国のうち、日本がBEPS条約を適用することを認めた租税条約締結国となるが、米国、ブラジル、バングラ

ディシュ、フィリピン等の国がBEPS条約に不参加である。

② 　欧州では、スイス、スペイン、ベルギー等が選択されていない。また、ロシアも選択されていない。

③ 　アジア・大洋州地区では、フィジーが選ばれている。

（4）参加国を巡る「なぞ」

上記（3）①に掲げた国々は、BEPS条約に参加していない。特に、米国がこのような多国間の条約・協定等に参加しない理由は明らかではないが、トランプ前大統領の政権下では地球温暖化枠組条約のパリ協定にも不参加を表明したことで話題を呼んだ（その後、バイデン現大統領就任直後の2021年2月に復帰）。BEPS条約の目的が、既存の租税条約に対しBEPS条約に規定する租税回避防止規定を適用することであり、その結果、先進国企業にとっては課税が強化される恐れがある。米国は、租税回避の標的になる巨大IT企業等を抱えていることから、不参加の背景にはこのような理由があったものと思われる。

平成30年の税制改正において、日本は、国際税務関連の事項について、BEPS行動計画に基づく勧告に従って、租税回避規定に関する整備を行った。この改正により、日本の国内法は、対租税回避に対して課税強化されたのである。他方、日米租税条約は、BEPS行動計画に基づく勧告等の影響を受けていないことから、対租税回避の規定のレベルは、日本の国内法よりも低いことになる。

上記のような状態、すなわち、租税条約の規定が国内法に比べて低いレベルという場合、租税条約が優先適用になることから、せっかく、日本が国内法を改正しても、日米租税条約が適用となり、納税者にとっては有利な状況といえるが、BEPS条約の適用という観点からすると、適用における大きな空白が生じたことになり、BEPS条約執行の欠陥といえる。

また、日本と経済交流があるバングラディシュ、フィリピンの不参加が単なる手続上の遅れかどうかは不明である。

「なぞ」の第2である、スイス、スペイン、ベルギー及びロシアが選択さ

れなかった理由であるが、これらの租税条約の締結あるいは改正の時期がいずれも比較的最近であることが１つの理由として推測できるのである。スイスは平成23年12月に一部改正発効、スペインは令和３年５月に発効、ベルギーは平成31年１月に発効、ロシアは平成30年10月に新条約発効である。すなわち、最近の租税条約は、BEPSの勧告等を取り込んだ内容になっているものと、そうでないものに分けられるが、上記に掲げた条約例は、いずれもBEPS勧告反映型ということになろう。

　日本が租税条約を締結しているがBEPS条約の適用対象としていない条約例は、旧ソ連から分割となった国が多く、アゼルバイジャン、アルメニア、ウズベキスタン、キルギス、ジョージア、タジキスタン、トルクメニスタン、ベラルーシ、モルドバ、ロシアである。

　アジア地区では、スリランカ、台湾、ブルネイ、欧州では、オーストリアとデンマーク、スイス、スペイン、ベルギー、アフリカではザンビア、南米ではチリである。

　第３の「なぞ」であるフィジーであるが、フィジーとの租税条約が存続している理由は、日英租税原条約第22条に日英租税条約の適用拡大に関する規定があり、交換公文によりフィジーを含む各地域にこの日英租税原条約が基本的に適用されることになったという経緯による（「連合王国が国際関係について責任を負っている若干の地域に対する租税条約の適用に関する書簡の交換の告示」昭和45年10月30日、外務省告示第216号）。

　なお、面積も人口も小規模である同国が対象国として選択された理由は明らかではない。

24　ネクサス概念の浮上

（１）2019年G20財務大臣・中央銀行総裁会議

　標題の会議が2019年６月に福岡で開催され、カナダ、フランス、ドイツ、イタリア、日本、イギリス、米国のG７の国々の他に、アルゼンチン、オー

ストラリア、ブラジル、中国、インド、インドネシア、韓国、メキシコ、ロシア、サウジアラビア、南アフリカ、トルコの各国財務大臣、中央銀行総裁、EU議長国財務大臣と欧州中央銀行（ECB）総裁、数か国の招待国の財務大臣・中央銀行総裁及びIMFや世界銀行等の国際機関の代表が参加した。

　この会議の議題として、「Ⅲ．技術革新・グローバル化がもたらす経済社会の構造変化への対応」の項目に「国際租税」があり、そこでは、①デジタル化に伴う課税原則の見直し、②租税回避・脱税への対応、に引き続き取り組むこととされた。

（2）デジタル課税とは何か

　デジタル課税（Digital Tax。以下「DT」という。）とは、オンライン・ショッピング、インターネット・オークション等のデジタル・プラットフォームのサービスを提供する事業者であるデジタル・プラットフォーマー（以下「DPR」という。）に対する法人課税問題であり、具体的には国際的に事業展開を行っている主として米国系の巨大IT企業（DPR）がこの課税の対象となっている。

　ではなぜこの課税が問題として浮上しているのかということであるが、EUの欧州委員会の2018年3月21日の公表資料（European Commission - Fact Sheet Questions and Answers on a Fair and Efficient Tax System in the EU for the Digital Single Market。以下「Q&A」という。）によれば、従来からある企業の実効税率の平均が23.2％であるのに対して、DPRの実効税率の平均が9.5％であり、EU加盟国に多額の税収ロスが生じていることから公正な課税システムの構築が必要という見解である。

（3）20年前のビットタックス騒動と1998年オタワ会議

　DPRに対する課税は、米国IT企業とEU加盟国の間における課税問題における対立であるが、この種の対立は、実は約20年前にも一度経験している事柄である。

　1996年1月、EUは専門家グループによるインターネットに対する新税と

して1994年にコーデルの提唱したビットタックス（コンピュータにおける
データの単位であるビットの使用量に応じて課税する税）導入を検討した。
これに対して、自国のIT企業を保護したい米国は、同税の導入に反対して、
1997年7月に新税導入に反対する米国大統領府声明を出し、EUは、ボン宣
言により電子商取引に対する新たな課税を行わないことで加盟各国の合意が
形成され、その合意に基づいて、EUは、1997年12月に米国とサミット会議
を開催して、ビットタックスの採用を見送ったという経緯がある。

　ビットタックス騒動が一段落した1998年が節目の年である。OECDは、
1997年にフィンランドのツルクにおいて開催した電子商取引の包括的な会議
に続いて、1998年10月にカナダのオタワにおいて閣僚会議を開催し、電子商
取引の課税に対する枠組みを公表している。このオタワ会議の結果が長い間
国際間における電子商取引に係る合意として生き続けてきたのである。

（4）EUにおけるDTとデジタルPEの提案と導入見送り

　2023年9月にのEUが公表した指令案については、前出のQ&Aを参考にす
ると次のような点がポイントとなる。

　欧州委員会は、問題点として次の3点を掲げている。

①　従来型の企業とDPRの間において前者の税負担が重いという不公平が
　ある。

②　EU加盟国の税収ロス

③　安定した競争環境の必要性

　その結果としてのEUによる提言は次のとおりである。

　EUの提言は、加盟国に対して自国の領土内で生じた利益に対して、当該
法人が子会社あるいは支店等を同国内に有していない場合でも課税できる
ルールを可能にすることである。このルールは、加盟国が締結している第三
国との租税条約も改正することになる。

　DTの適用基準として、課税対象となる企業は、年間の全世界売上高が
7億5,000万ユーロ以上で、かつ、EU域内の売上高が5,000万ユーロ以上であ
る。

　このEUの指令案に対して加盟国から反対があり、EUはDT導入を断念し
たが、英国は、デジタル・サービス税（DST）を2020年４月から導入した。
この英国の新税導入は、EU等におけるデジタル課税の議論が進まないこと
から独自路線を選択したものと思われる。DSTは、英国国内におけるDPR
の売上金額に対して２％の税率を課すものである。対象となるのは、全世界
売上高が５億ポンド以上のDPR等の企業である。

（5）G20へ向けてのOECDの意見集約

　すでに述べたように、DTの導入に関しては、EUの提案したDTに関す
る指令案が2019年３月に導入見送りとなり、今後はOECDが中心になる。
OECDは、2019年３月に、デジタル課税の公聴会を開催し、日本の経団連の
代表も意見を述べている。この経団連代表の意見は、報道されているところ
では、米国案を中心に議論するということである。

　OECDは、2018年３月の中間報告において検討した２つの基礎概念である
ネクサスルールと利益配分ルールを2019年に公表した文書（Addressing the
tax challenges of the digitalisation of the economy 13 February- 6 March
2019）で発展させている。

（6）PE概念からネクサス概念へ

　国際税務における事業所得の課税は、その所得の発生した国に事業上の拠
点であるPEの存在を課税要件としている。このPEという概念は1920年代の
国際連盟モデル租税条約で確立した概念であり、1998年のオタワ会議以降の
OECDにおける電子商取引に関する検討においても、PE概念に代わる基本
的な概念に関する検討は行われず、2015年のBEPS最終報告においても、掘
り下げた検討は先送りされていた。

　その後のG20において、ネクサス概念を改訂した案が決まったことで、国
際税務においては、従前からのPE概念とネクサス概念の２つが並列するこ
とになり、国内法及び租税条約に影響を及ぼすことになる。特に、BEPS条
約にどのように影響するのかが注目されるところである。

仮に、G20で方向性が定まったとしても、新しい概念案に基づく執行面を
どのようにするのかという課題が残ることになる。最も手っ取り早い方法は、
BEPS条約における遵守すべき最小限度の基準である「ミニマムスタンダー
ト」の項目に新たに条項を加えることであるが、BEPS条約には米国は参加
していない。したがって、各国の対米国租税条約がBEPS条約により改正さ
れることはない。

今後は、新概念の導入とそれを執行する法的根拠の確立が課題となろう。

25 租税条約における限度税率のはじまり

（1）租税条約の生成の歴史

1928年に国際連盟に承認されたモデル租税条約案が最初のモデル租税条約
である。当然、これ以前の時期にも、特に、中央ヨーロッパにおいて租税条
約が締結されていたが、原理原則を踏まえた租税条約は、この1928年のモデ
ル租税条約（以下「1928年条約」という。）が最初である。ここで何が創設
されたのかということであるが、事業利得の課税において、恒久的施設（PE）
を課税要件とすることが規定されたのである。

続いて、国際連盟は米国人弁護士のMitchell B. Carroll氏による各国の税
制等の調査に基づいて1933年に事業所得条約草案を作成する。ここでは、事
業利得の算定原則として「独立企業の原則」が導入されるのである。この
1933年案は、2年後開催された財政委員会において、1935年案として一部補
正されたが、基本的な原則に変更はなかった。

その後、第二次世界大戦が1939年から始まったことで、国際連盟の活動は
停滞したが、1943年6月の財政会議では、戦争に影響されないアルゼンチン、
ボリビア、カナダ、チリ、コロンビア、エクアドル、メキシコ、ペルー、米
国、ウルグアイ、ベネズエラが出席して、1928年条約と1935年案の統合を目
的としたモデル租税条約作成が提案され、1943年6月に上記の委員から構成
された第2回地域税務会議においてメキシコモデル条約案（以下「メキシコ

モデル」という。）が作成された。

　第二次世界大戦終戦後の1946年３月に、ロンドンにおいて、国際連盟第10回財政委員会が開催され、メキシコモデルの再検討が行われ、ロンドンモデル条約案（以下「ロンドンモデル」という。）が作成された。ロンドンモデルでは、特に、配当、利子、使用料に関する規定が中心に再検討された。

　本項は、租税条約における重要な実体課税の規定である、事業利得の課税と並ぶ投資所得の限度税率の規定が何時ごろから整備されたのかを検討するものである。

（２）英米原条約の規定

　最初の英米間の租税条約である英米原条約は、1944年４月にロンドンにおいて交渉が開始され、1945年４月16日に署名された、英国と米国間の包括的な所得税租税条約である。OECDがモデル条約草案を公表するのは1963年であるが、それまでの間、英米原条約は、米国のモデル条約として機能したのである。しかし内容としては、英米条約における事業利得関連条項は、米国の先行条約例を踏襲する部分が多く、人的役務提供所得についても、第10条（給与所得）、第11条（短期滞在者免税と芸能人）及び第19条（学生）は、先行条約例に倣う方向であった。

　この英米原条約が締結された時期は、メキシコモデルとロンドンモデルの中間の時期であるが、その特徴の１つは、投資所得に対する限度税率の規定の整備であるが、後述するように、英米条約が創設的に限度税率を定めたという形跡はなく、先行事例となる条約の一部を踏襲するという形になっている。

イ　配当所得（第６条）

　同条１項に規定のある限度税率は、一般配当が15％、親子間配当の限度税率は５％である。親子間配当の要件は、配当を受領する法人が配当支払法人の議決権株式の95％以上を所有し、かつ、配当支払法人の利子及び配当所得（子会社からの利子及び配当所得を除く。）が総所得の25％以下である。なお、

５％の限度税率の適用を受けることを意図して操作をした場合はその適用が認められない。

ロ　利子所得（第7条）

英国居住者が米国国内源泉所得の利子所得を取得し、かつ、米国において事業に従事していない場合、米国において条約免税となる。ただし、利子を支払う米国法人を英国法人が直接間接に50％超支配している場合、当該利子の免税はない。英国法人から米国法人への支払利子についても、50％超の所有条件がある場合は条約免税ではない。

ハ　（使用料の定義（第8条）

使用料は利子所得等同様に条約免税である。また、使用料の定義では、第3項に、映画フィルムのレンタル料も使用料に該当することが規定されている。

ニ　鉱業権等の使用料の限度税率（第9条）

この場合の限度税率は15％である。ただし、英国居住者は、米国において申告納税を選択することも可能である。又、米国居住者等所定の要件を満たす者は、英国の付加所得税が免税となる。

この鉱業権等からの所得が使用料となるのは、現行の租税条約の規定からすると奇異に感じるが、メキシコ、ロンドンのいずれの条約案の使用料の規定に鉱業権等の規定がある。

（3）英米原条約以前の米国の租税条約

1945年以前に米国が締結した租税条約は次の3つである。

①　1932年4月27日署名：米仏条約（1939年に第2次米仏条約に署名）

②　1936年12月30日署名：米国・カナダ条約（1942年に第2次米加条約に署名）

③　1939年3月23日署名：米国・スウェーデン条約

（4）租税条約における限度税率の規定

イ　ロンドンモデル

　英米原租税条約（1945年署名）より遅れて作成されたロンドンモデルについて言及するのは、おかしな話であるが、ロンドンモデル第9条（利子条項）第2項、「同項に基づく源泉徴収では、利子の限度税率（　　）％とする。」と具体的な数字はブランクの規定がある。

　配当、使用料についてはこの種の規定はない。

ロ　配当所得

　1942年に改正署名された第2次米加租税条約において配当の限度税率が15％である。この規定は前述の英米原租税条約に引き継がれるのである。したがって、英米原租税条約が米国にとって初めての限度税率の適用ということではない。

ハ　利子所得

　1932年の米仏原条約、1939年の第2次米仏条約、1939年の米国・スウェーデン租税条約は、利子所得の条約免税である。しかし、1942年の第2次米加条約では、限度税率が15％である。

ニ　使用料所得

　米仏原条約では、米国側は、フランス側の追いかけ課税を問題視し、フランス側は、米国からの特許料の条約免税を要望したのである。しかし、フランス側から米国への支払使用料が増加したことから、限度税率は5％に引き上げられている。

あとがき

　財経詳報社刊行の『月刊税務事例』には、国際課税のケーススタディを高山が連載している。本書のケーススタディは、この連載の一部を加筆訂正して記載した。また、矢内は、国際課税のトピックスを同様に『月刊税務事例』に連載している。本書への掲載について財経詳報社の宮本弘明社長からご了解を得ている。ご了解を頂いた宮本社長に感謝である。

著者紹介

高山　政信（たかやま　まさのぶ）

国際課税研究所所長、税理士（平成13年まで東京国税局調査部審理課等に勤務）、国税庁税務大学校講師（平成15年度）

（単著）
・『国際税務ガイドブック　九訂版』平成25年　財経詳報社

（共著）
・『スピードマスター　国際税務』平成14年　中央経済社
・『Q＆A　租税条約』平成16年　財経詳報社
・『外国税額控除の理論と実際』平成20年　同文舘出版
・『税務・会計用語辞典　12訂版』平成21年　財経詳報社
・『海外移住・ロングステイのための税務基礎知識　第2版』平成25年　財経詳報社
・『申告書の書き方から学ぶ　国際税務に強い税理士になる本』平成27年　中央経済社
・『国際税務の専門家からみた出国税と国外財産調書等の実務』平成28年　新日本法規出版
・『国際税務総覧2015－2016　国際税務基礎データ』平成27年　財経詳報社
・『国際税務総覧2016－2017　国際税務基礎データ』平成28年　財経詳報社

- 『国際税務総覧2017－2018　国際税務基礎データ』平成29年　財経詳報社
- 『国際税務総覧2018－2019　国際税務基礎データ』平成30年　財経詳報社
- 『国際税務総覧2019－2020　国際税務基礎データ』令和元年　財経詳報社
- 『国際税務総覧2020－2021　国際税務基礎データ』令和２年　財経詳報社
- 『国際税務総覧2023－2024　国際税務基礎データ』令和５年　財経詳報社

矢内　一好（やない　かずよし）

国際課税研究所首席研究員、博士（会計学）（中央大学）

中央大学大学院商学研究科修士課程修了

1975年東京国税局に勤務（平成２年退職）、産能短期大学助教授、日本大学商学部助教授、教授を経て平成14年以降中央大学商学部教授。税務大学校講師、専修大学商学研究科非常勤講師、慶應義塾大学法学研究科非常勤講師（いずれも平成30年３月末退職）。

（単著）

- 『国際課税と租税条約』ぎょうせい　平成４年（第１回租税資料館賞受賞）
- 『租税条約の論点』中央経済社　平成９年（第26回日本公認会計士協会学術賞）
- 『移転価格税制の理論』中央経済社　平成11年
- 『連結納税制度』中央経済社　平成15年
- 『詳解日米租税条約』中央経済社　平成16年
- 『解説　改正租税条約』財経詳報社　平成19年
- 『Ｑ＆Ａ国際税務の基本問題〜最新トピックスの検討』財経詳報社　平成20年
- 『キーワードでわかる国際税務』中央経済社　平成21年
- 『米国税務会計史』中央大学出版部　平成23年
- 『現代米国税務会計史』中央大学出版部　平成24年
- 『改正租税条約のすべて』財経詳報社　平成25年
- 『英国税務会計史』中央大学出版部　平成26年
- 『一般否認規定と租税回避判例の各国比較〜ＧＡＡＲパッケージの視点から

の分析』財経詳報社　平成27年

・『コンパクト解説　日本とアジア・大洋州・米州・旧ソ連諸国との租税条約』
　財経詳報社　平成28年

・『コンパクト解説　日本とヨーロッパ・中東・アフリカ諸国との租税条約』
　財経詳報社　平成28年

・『Q&A　国際税務の最新情報』財経詳報社　平成29年

・『解説　BEPS防止措置実施条約』財経詳報社　平成30年

・『租税条約はこう変わる！BEPS条約と企業の国際取引』第一法規　平成
　30年

・『日本・国際税務発展史』中央経済社　平成30年

・『日本・税務会計形成史』中央経済社　令和元年

・『税務会計基礎概念史』中央経済社　令和2年

・『一般否認規定と租税回避判例の各国比較〜「事後的対処法」と「予防的
　対処法」〜（第2版)』財経詳報社　令和3年

・『タックスヘイブン便覧』財経詳報社　令和5年

・『日本・租税条約発展史〜基本的な考え方と実務対応〜』中央経済社　令
　和6年

（その他）

・「米国租税条約の研究」『税務大学校論叢』第19号及び「国際連盟によるモ
　デル租税条約の発展」『税務大学校論叢』第20号で日本税理士会連合会研
　究奨励賞受賞（平成元年)、その他共著、論文多数。

サービス・インフォメーション
―――――――――――――――――――――――――― 通話無料 ――――

①商品に関するご照会・お申込みのご依頼
　　　　　TEL 0120(203)694／FAX 0120(302)640
②ご住所・ご名義等各種変更のご連絡
　　　　　TEL 0120(203)696／FAX 0120(202)974
③請求・お支払いに関するご照会・ご要望
　　　　　TEL 0120(203)695／FAX 0120(202)973

●フリーダイヤル(TEL)の受付時間は、土・日・祝日を除く
　9:00～17:30です。
●FAXは24時間受け付けておりますので、あわせてご利用ください。

実務の「核心」がわかれば応用がきく！
テーマ別　国際税務のケーススタディ

2024年10月10日　　初版発行

著　者　　高　山　政　信
　　　　　矢　内　一　好
発行者　　田　中　英　弥
発行所　　第一法規株式会社
　　　　　〒107-8560　東京都港区南青山2-11-17
　　　　　ホームページ　https://www.daiichihoki.co.jp/

国際税務ケース　ISBN978-4-474-01768-9　C2032 (1)